# MÉDITATIONS MÉTAPHYSIQUES

ET

## CORRESPONDANCE

DE

Nicolas **MALEBRANCHE,**

Imp. Félix Locquin, 16, r. N.-D. des Victoires.

Fac-Simile de la 1ère page du manuscrit inédit de Malebranche.

Meditations. Metaphysiques

où l'on tache de commencer par les
premiers principes des sciences et
de ne rien admettre que de fois
évident et demontré

Des verités générales depuis
les 1eres connoissances jusqu'aux
preuves de l'existence des corps inclusivement

§. Du doute, de sa propre
existence, de la distinction de l'ame
et du corps, de la realité des
Idées, et que tout ce qui est evident
est vray

Le 24e Janvier 1689

Je me trouve apresent dans un age ou il me semble
que je n'en dois pas attendre un plus avancé pour
m'appliquer serieusement à la Recherche de la verité
dans les sciences qui conviennent à l'Etat ou j'ay suje
de croire que Dieu m'a appelé. je vais donc commencer
par les premieres, et les plus simples, de nos connoissances et je tacheray d'avancer
ensuitte par ordre
afin que tes
Comme je me suis appliqué jusqu'apresent à differentes
sortes de sciences, ou j'ay formé differens jugemens
aussi bien que dans les conversations des personnes avec qui
je me suis trouvé et dans la lecture des livres; je me
trouve rempli d'une infinité d'opinions sur toute sorte
de sujets, parmy lesquelles il se peut faire que plusieurs
soient très veritables, et j'ay même sujet de la croire

Signature au bas d'une lettre

Malebranche Pre. de l'Oratoire

# MÉDITATIONS MÉTAPHYSIQUES

ET

## CORRESPONDANCE

DE

# N. MALEBRANCHE,

PRÊTRE DE L'ORATOIRE,

AVEC

## J.-J. DORTOUS DE MAIRAN,

SUR DES SUJETS DE MÉTAPHYSIQUE;

PUBLIÉES

POUR LA PREMIÈRE FOIS SUR LES MANUSCRITS ORIGINAUX.

## PARIS

### H. DELLOYE, LIBRAIRE-EDITEUR,

13, PLACE DE LA BOURSE.

1841.

Un professeur de la Faculté des Lettres de
Paris, M. Milon, conservait avec un soin jaloux,
dans le secret de son cabinet, des cahiers iné-
dits et une correspondance également inédite du
père Malebranche. La mort récente du professeur
a fait passer dans nos mains ces documents précieux, à la vente publique de sa bibliothèque. On
ignore, et ce n'est point, ici, le lieu de rechercher les motifs qui ont pu porter le vénérable
professeur de l'Université à dérober ces trésors
littéraires aux yeux de ses amis, comme à ceux

de la jeunesse studieuse qui écoutait ses leçons. Mais c'était pour le possesseur nouveau un devoir de les livrer au monde savant, avide des curiosités de ce genre, surtout en un temps où chaque jour vient prouver davantage qu'il n'y a de nouveau que ce qui a vieilli.

« Tout ce qui se rapporte à un homme de génie, » disait (1) l'un de nos écrivains les plus éloquents, celui de nos jours dont les publications et l'enseignement ont mis en circulation les plus grandes idées philosophiques ; — « tout ce qui se rapporte à un homme de génie, disait-il, n'est pas la propriété d'un seul homme, mais le patrimoine de l'humanité. Malebranche, aujourd'hui, n'est plus un oratorien, un adversaire des Jésuites : élevé au dessus des misères de l'esprit de parti, dont le temps a fait justice, il n'est plus que le Platon du christianisme, l'ange de la philosophie moderne, un penseur sublime, un écrivain d'un naturel exquis et d'une grace incomparable. Retenir, altérer, détruire la correspondance d'un tel personnage, c'est dérober le public, et à quelque parti qu'on appartienne, c'est soulever contre soi les honnêtes gens de tous les partis. »

La publication présente est, pour notre

_______

(1) *Journal des Savants*, numéro de février, article de M. Victor Cousin.

part, une réponse à cet éloquent appel; et c'est prendre en même temps l'engagement de mettre en lumière d'autres documents anciens, non moins précieux, que nous gardons à l'histoire et aux lettres.

Les manuscrits qui voient ici le jour se composent de deux cahiers de métaphysique et d'une correspondance sur Spinosa entre l'illustre oratorien et Dortous de Mairan, qui fut l'un des quarante de l'Académie française, et secrétaire perpétuel de l'Académie des sciences. Le premier des cahiers, de vingt-six pages in-4°, est incontestablement de la main de Malebranche, et le *fac simile* que nous donnons de la première page en fait foi. Le second (de trente-deux pages), aussi incontestablement authentique que le premier, a paru également autographe à la plupart des meilleurs juges en fait de comparaison d'écriture; mais à nous sont restés des doutes que nous leur demandons la permission d'exprimer. Il nous paraît plus probable que l'écriture de ce cahier est d'un secrétaire habitué à copier sur celle de Malebranche, et qui, à force de copier, a imité. On trouve, d'ailleurs, dans le courant du texte, plusieurs corrections évidemment de la main du maître : *ex ungue leonem.*

Sur les lettres de Malebranche on remarque encore son cachet avec les chiffres de la poste.

Quant aux lettres de Mairan, ce ne sont que des minutes autographes qu'avait conservées ce savant.

Le texte qu'on va lire est le texte pur de Malebranche : rien de plus, rien de moins ; c'est Malebranche avec sa propre orthographe, même avec les quelques fautes échappées à sa rédaction. Le premier cahier surtout, par les ratures dont il est chargé, atteste que le génie vend cher à l'homme ce qu'on croit qu'il lui donne. Sous ces ratures nous avons retrouvé plusieurs variantes que, dans notre rôle modeste de scrupuleux éditeur, nous avons cru devoir relater fidèlement, lorsqu'elles présentaient de l'intérêt.

F. FEUILLET DE CONCHES.

Paris, le 10 avril 1841.

# MÉDITATIONS

# MÉTAPHYSIQUES.

# MÉDITATIONS MÉTAPHYSIQUES

*Où l'on tache de commencer par les premiers principes des sciences et de ne rien admettre qui ne soit évident et demontré.*

—

## DES VERITÉS GÉNÉRALES.

**Depuis les premieres connoissances jusqu'aux preuves de l'existence des corps inclusivement.**

§ I. Du doute. De sa propre existence. De la distinction de l'ame et du corps. De la réalité des idées, et que tout ce qui est evident est vray.

Le 24 janvier 1689.

Je me trouve a present dans un age ou il me semble que je n'en dois pas attendre un plus avancé pour m'appliquer sérieusement à la recherche de la verité dans les sciences qui conviennent à l'état ou j'ay sujet de croire que Dieu m'a appellé. Je vais donc commencer par les premieres et les

plus simples de nos connoissances, et je tacheray
d'avancer ensuitte par ordre.

Comme je me suis appliqué, jusqu'a present, à
differentes sortes de sciences, ou jay formé differens jugemens aussi bien que dans les conversations des personnes avec qui je me suis trouvé, et
dans la lecture des livres à la présence des objets, etc.; je me trouve rempli d'une infinité d'opinions sur toute sortes de sujets, parmy lesquelles il
se peut faire que plusieurs soient très veritables, et
jay même sujet de le croire d'un très grand nombre. Mais je suis aussi assuré qu'il y en a beaucoup de fausses; je suis, du moins, certain que je
n'ay pas toûjours apporté toute l'attention necessaire pour les examiner.

Afin, donc, que mes opinions precedentes, que
j'appelle mes prejugés, sur tout celles qui sont
fausses, ne me donnent point l'occasion de tomber
dans l'erreur et ne viennent point traverser mon
dessein, je veux revoquer en doute tout ce que
jay crû jusqu'à cette heure.

Ainsi, je ne recevray plus aucune de mes opinions que je ne l'aye de nouveau examinée, et je
feray de cette maniere le choix des veritables d'a-
vec les fausses. J'excepte de mon doute les verités
de la foy.

Afin de me mieux confirmer dans mon doute, je
me serviray des raisons suivantes :

1° J'ay raison de doûter de l'existence de toutes les choses sensibles et de mon propre corps; car j'ai crû, étant endormi, voir des campagnes et autres objets sensibles, tout de même que je les vois etant eveillé, et faire de mon corps certaines actions, que je n'ay pas crû avoir faites étant eveillé. Jay donc sujet de croire qu'il se peut faire que je voie des objets sensibles sans qu'il y en ait; que je croie qu'on perce mon corps d'un coup d'epée, sans que cela soit, etc. Quelle certitude puis-je avoir que, lorsque je suis eveillé, ce sont les objets mêmes que je vois et non pas leurs apparences? Dieu ne peut-il pas faire, ou bien quelque genie tres puissant que je ne connois point, et qui ne laisse peut-être pas, neanmoins, d'exister, que je voie tous ces objets, quoiqu'ils ne soient pas.

2° Je ne connois l'existence des objets sensibles que par les sens, lesquels me trompent souvent, me faisant paroistre le soleil très petit, quoique l'astronomie me le fasse connoitre tres grand; me faisant croire que les qualités sensibles sont dans les objets, quoique je sçache que tres habiles philosophes croient le contraire, etc. C'est pourquoy, il semble que la prudence demande que je n'ajoute point de foy à des temoins qui me trompent souvent.

3° Jay appris des personnes qui ont perdu un bras ou une jambe, qu'ils croyent effectivement

sentir des douleurs dans les parties qu'ils n'ont
plus. Jay appris que d'autres s'apperçoivent toûjours dans l'eau, d'autres s'apperçoivent comme
ayant la figure de quelque animal, etc. Que sçai-je
si je ne crois point aussi appercevoir un corps que
je n'ay point?

4° Quand j'ai raisonné, si je me suis servi de
quelque faux principe, il faut que ce que j'en ay
deduit soit sujet à l'erreur. Or, que sçais-je s'il n'y
a point eu quelques uns de ces faux principes dans
mes raisonnements? Il faut beaucoup d'attention
et être bien sur ses gardes pour eviter l'erreur, et
ne suis-je pas conveincu que je n'ay pas toujours
apporté toutes les precautions necessaires? ne me
suis-je pas moi-même souvent apperçû de mes erreurs, et n'en ai-je pas crû remarquer dans les autres, dans les choses ou ils croyoient avoir trouvé
la verité?

Enfin, doutant de tout ce qui est, je ne sçay s'il
n'y a point quelque genie tout puissant qui se plaise
a me seduire dans mes raisonnements et a me representer les choses tout autrement qu'elles ne
sont. Je puis, du moins, le supposer, jusqu'a ce que
j'aye une evidence du contraire. Cela m'obligera
de me tenir sur mes gardes; et je sens que jay, du
moins, en moy le pouvoir de ne rien croire de ce
qu'il me voudra persuader, et je veux me servir de
ce pouvoir afin d'acquérir dans la suitte des con-

noissances incontestables. Les deux dernieres raisons me portent mêmes a douter des connoissan-
sances mathematiques et de toutes les sciences et
de l'existence de mon propre corps.

### De mon existence.

Je me tiens comme assuré d'acquerir, dans la
suitte, des connoissances bien certaines; car je me
trouve a present bien affermi dans le doute de
toutes choses, dans une forte resolution de travailler a rechercher la verité et a ne consentir a
aucune chose que je ne sois bien assuré qu'elle
est incontestable.

Je vois:

D'abord, que, quoique jaye revoqué en doute
l'existence de toutes choses aussi bien que toutes
mes connoissances, je ne puis pourtant pas douter
de ma propre existence. Ainsi, je suis assuré que
je suis; car, soit que je dorme, soit qu'un genie tout
puissant (1) me trompe, il est certain que je suis, et
que toutes les raisons que je puis avoir de douter
de toutes choses, me prouvent elles-mêmes que je
suis, puisque je n'y sçaurois pas penser qu'il ne
soit vray que je suis; et plus je medite la dessus,
plus j'en suis persuadé.

(1) *Sous une rature :* un mauvais genie.

2° Je vois encore, après une forte meditation, qu'il est certain que je suis quelque chose qui connoist, qui sent, qui imagine, enfin qui apperçoit ou qui pense, appellant de ces derniers noms toutes les connoissances ou perceptions que jay.

3° Quand j'apperçois quelque chose, — ce qui est apperçù, c'est à dire l'objet immédiat de ma perception, est. Car s'il n'étoit pas, il ne seroit pas apperçù, le rien ne pouvant pas être apperçù.

### Regle pour trouver la verité.

Ainsi, je suis assuré que tout ce que j'apperçois veritablement existe, c'est a dire tout ce que j'apperçois clairement et distinctement, est. Autrement, il ne pourroit pas être apperçù.

Je sçay donc l'existence de beaucoup de chose, c'est a dire de tous les objets immediats de mes perceptions que j'appelle idées. Jay bien medité toutes ces choses, et j'en suis assuré.

### Division de mes pensées.

Pour mettre de l'ordre dans mes perceptions, j'en remarque de deux sortes : les unes me representent quelque chose si clairement et distinctement que j'en puis déduire les proprietés, comme la perception de l'être infiniment parfait, celle de l'etenduë, celles des figures, etc. (1). Je prens, ici, la perception et son objet immediat pour la même chose, ne sçachant pas si ce sont deux choses differentes. Neanmoins, pour plus grande clarté, je donneray principalement le nom d'idées aux objets immediats de ces perceptions.

Les autres perceptions sont celles qui me representent des choses si peu clairement que je n'en puis deduire les proprietés, comme la perception de ma volonté, du plaisir, de la douleur et de toutes les qualités sensibles, que je ne puis comparer ensemble.

*Definition ou distinction des substances et de leurs modifications.*

Je remarque encore de deux sortes de choses apperçûës : les unes peuvent être entierement apperçûës seules, sans penser aux autres, comme un pied d'etenduë; je les appelle substances ou êtres.

Les autres ne peuvent être apperçûës seules; mais quand on les apperçoit, leur perception en renferme necessairement d'autres dont elles dependent et avec lesquelles elles ont un rapport necessaire. Par exemple, la figure, comme le cercle, ne

(1) *Ici se retrouvent, sous une rature, les mots suivants :* et je suis assuré que les choses representées par ces perceptions peuvent exister hors de moy.

peut être apperçû sans qu'on apperçoive l'etenduë
dont elle depend. Je les appelle des modifications
ou des manieres d'êtres.

Cette division me paroit exacte, car tout ce
qu'on peut appercevoir, ou bien peut être apperçû
seul et sans rapport a d'autre, ou bien il ne peut
pas être apperçû seul, mais avec un rapport necessaire a quelqu'autre chose.

C'est pourquoy je suis assuré que tout ce que je
puis appercevoir est necessairement une substance
ou bien une modification de la substance.

### Marques pour connoître quand deux choses sont deux substances differentes.

Lorsque je pourray appercevoir une chose sans
l'autre, je seray certain qu'elle n'en est pas un
mode. Lorsque je pourray appercevoir deux choses
seules, en sorte que la perception de chacune ne
renfermera point d'autre chose, chacune sera une
substance et elles seront ainsi distinguées l'une de
l'autre.

### La différence des attribus d'avec les modes, et ce que c'est que l'essence d'une chose.

Je distingue dans les choses que j'apperçois, par
exemple un pied d'étenduë spherique, de deux
sortes de modes. L'étenduë peut être sans les uns,

comme par exemple sans la rondeur ou une autre figure particuliere ; mais elle ne peut pas être apperçûë sans les autres, comme sans être impenetrable, capable de recevoir des figures. J'appelle ces choses sans lesquelles la substance ne peut être apperçûë, ses attribus ou ses proprietés : elles sont inseparables de la substance.

Le premier attribut qui se conçoit distinctement dans une chose d'ou les autres dependent aussi bien que les modes, enfin qui est presuposé par les autres, est celuy que j'appelleray l'essence de cette chose.

### Distinction de l'ame et du corps.

Ces remarques me serviront, ce me semble, beaucoup dans la recherche de la verité.

Jay deja trouvé que je suis ; il faut examiner qui je suis, et ensuitte j'examinerai mes idées.

Je suis quelque chose qui apperçoit ; et j'appelle ce qui apperçoit en moy, entendement. Etant appliqué a une perception (1), peux m'appliquer a une autre ; car j'apperçois bien que ce ne sont pas mes idées qui viennent, par hazard ou par quelque cause exterieure, se presenter pour être apperçûës ; mais j'apperçois que c'est moy qui, pensant a une chose,

---

(1) *Il manque dans le texte le mot* je.

ay le pouvoir de penser à toute autre. Je crois aussi
ce que je veux, je doute de ce dont je veux douter :
— J'appelle ce que je sens dans moy qui me porte,
ainsi, a consentir à quelque chose, a adherer a quelque chose, a porter mon entendement a penser à
quelle chose je veux, ma volonté. Je ne distingue
dans moy que ces deux sortes de choses : perceptions et volontés. Car les sentimens, imaginations,
douleur, plaisir et les autres choses, en tant qu'ils
m'appartiennent, ce sont des perceptions. Mais
tout ce qui renferme en moy consentement, vouloir, desir, adherence, commandement et autre
mouvement, je le renferme sous le nom de volonté.

Je vois clairement, après une forte attention, que,
lorsque j'apperçois dans moy quelque volonté ou
desir, etc., l'objet de ma perception est ma volonté
même, et la chose même apperçûë m'appartient.

Je vois clairement que je puis penser à ce qui
apperçoit dans moy, a ce qui veut, etc. , sans penser en aucune maniere a l'etenduë : donc, ce qui
apperçoit, ce qui veut , en un mot moy, car je ne
me connois que comme une chose qui apperçoit
et qui veut, — je ne suis point une modification
de l'étenduë.

De plus, je puis penser à ce qui apperçoit en
moy, sans penser a autre chose. Donc, ce qui apperçoit en moy est une substance.

Je suis donc une substance entierement distinguée de l'étenduë. Je me connois donc comme une vraye substance, quoique je ne sois pas assuré si jay un corps etendu : je conçois tout cela, nonobstant mes raisons de douter de tout.

Mais ne suis-je point aussi un corps? Non, en tant que je ne me connois que comme une chose qui apperçoit; car ce qui apperçoit etant conçû seul est une substance distinguée de toute autre. Ainsi, je puis peut être avoir une autre substance qui fasse mon être avec celle qui apperçoit; mais je n'en sçay encore rien, et je n'ay point eu encore de raison de le croire. Je vais m'appliquer à la consideration du corps.

### De l'idée du corps et de l'étendûë.

Je conçois clairement l'etenduë sans penser à aucune autre chose. Ainsi, je suis assuré que c'est une substance; et comme je ne connois rien de distinct dans ce que j'ay appellé corps jusqu'a present, comme une sphere de cire ou de bois ou de fer, qui précède l'étenduë et qui même ne la suppose, je ne reconnoitray, dans la suitte, point d'autre corps que l'étendûë.

Je remarque dans l'etenduë qu'elle a les attribus suivants : elle est etenduë et a des parties, elle est capable de figures differentes, elle est impenetrable. Je vois que le premier de ces attributs est l'etenduë. Ainsi, l'etenduë est l'essence de la substance etenduë.

Lorsque je croiois qu'il y avoit des corps hors de moy, et qu'il y en avoit même un que je croiois m'appartenir, je croiois que tous ces corps avoient differens mouvemens. Mais maintenant que je viens d'apporter une tres forte attention a considerer bien ce que c'est que mouvement local d'un corps, j'apperçois tres clairement que ce n'est que l'existence de ce corps successivement en differens lieux. Cela suffit afin qu'un corps soit transporté d'un lieu à un autre et afin qu'il ait tout ce que je conçois de distinct dans le mouvement d'un corps.

Ainsi, le transport ou mouvement d'un corps est son existence dans les lieux qui se suivent successivement, depuis le lieu ou ce corps a commencé de se mouvoir, jusqu'a celui où il est arrivé.

Afin donc qu'un corps soit mû ( supposé qu'il y ait des corps, ce que je ne sçay pas encore), je vois clairement qu'il faut que la cause qui luy donne l'être dans le lieu ou il est dabort, continuë (ou quelqu'autre) de luy donner l'être dans tous les lieux ou il se trouve dans son transport.

Car je ne conçois rien autre chose distinctement par un corps en mouvement, si non un corps qui a l'existence dans tous les lieux ou il se trouve dans son mouvement.

D'ou je vois clairement que la cause du mouve-

ment local des corps, est celle qui leur donne l'être.
Car, pour être en mouvement, il faut qu'ils ayent
l'etre la ou auparavant ils n'etoient pas.

Et après avoir medité serieusement, je vois clairement que j'etois dans l'erreur en croyant que
lorsqu'un corps alloit par son mouvement d'un lieu
ou il etoit dans un autre ou il n'etoit pas, l'existence qu'il avoit dans le lieu ou il arrivoit, etoit la
même que celle qu'il avoit dans le lieu d'ou il etoit
parti, qui y avoit eté transportée.

Car le corps etant dans le lieu A, n'a aucune
existence dans le lieu B. Donc, afin que ce corps
se trouve dans le lieu B ou il n'étoit pas, il faut qu'il
y soit mis hors du neant. Et l'existence qu'il a dans
le lieu A ne suffit pas afin qu'il ait l'existence dans
le lieu B (1).

Car si on dit : l'etre qu'a le corps dans le lieu A

(1) *Ici, sous des ratures, on retrouve le paragraphe
suivant :*

Car ou il a l'existence de lui-même sans aucune cause ou
d'une cause. S'il l'a sans cause, il ne l'a que dans le lieu ou
il est, et il faut qu'il l'ait de toute eternité sans commencement; et il ne peut commencer de l'avoir la ou il ne l'a pas
sans cause, mais d'une cause. Ainsi, elle lui donnera une existence au lieu B toute nouvelle, ensorte qu'il conservera son
existence au lieu A , s'il n'y est pas detruit.

Car comment cette cause pourroit-elle transporter l'existence qu'a le corps dans le lieu A au lieu B, puisque ce
transport n'est rien autre si non qu'

sera transporté au lieu B, je repons qu'on ne fait pas attention, en proposant cela, qu'etre transporté du lieu A au lieu B, c'est avoir l'existence successivement dans tous les lieux qui sont de A à B.

Or, avoir l'existence là ou on n'est rien, c'est l'y recevoir. Ainsi, ce corps recevra de nouveau l'existence au lieu B (1)·

De plus, le corps qui a l'être en A ne peut par luy-même la porter dans le lieu qui suit immédiatement A (2). Je conçois que cette action ou force n'est point renfermée dans l'etenduë. Il ne peut y être porté ou poussé par un être fini. Car qu'un être fini fasse qu'elle action l'on voudra pour y porter ou pousser, il n'est point necessaire que cette action soit suivie de l'effet. Car il n'y a nul inconvenient qu'elle ne le soit pas. Et si elle l'etoit, il n'y a aucune raison pour quoy toute action de tout

(1) *On retrouve, ici, sous des ratures, le paragraphe suivant:*

Pour m'oter entierement la difficulté que mon prejugé me fait sur cela, je vais encore mediter la dessus. Un corps, s'il existe, ou bien il existe sans cause, et, par consequent, sans commencement; car si le neant l'a precedé, il faut une cause; ou bien il reçoit l'être d'une cause.

Quand même il n'auroit pas de cause, je conçois qu'un être infiniment parfait, supposé qu'il y en ait, luy peut donner l'être dans ce cas.

(2) Tout ce raisonnement n'est que par supposition s'il y avoit des corps et autres êtres.

être fini ne dûst pas toujours être suivie de l'effet, et cela devroit toujours, par conséquent, arriver; et cepandant je sens que mes volontés et mes actions ne sont pas toujours suivies de leurs effets. Il faut donc que ce soit un être infiniment parfait qui vueille qu'il soit transporté de A en B, ou qui vueille qu'il existe successivement en tous les lieux qui se suivent de A en B. Ainsi, cette volonté, voulant l'être de ce corps, le luy donne. Il reçoit donc l'être de nouveau dans tous les lieux de son transport.

D'où je vois clairement : 1° que le mouvement n'est pas une propriété ou mode intrinseque de l'etenduë comme est la figure ; 2° que si l'existence d'un corps, qui seroit en mouvement, n'étoit pas detruite dans les lieux ou il a passé, ou si l'on veut dans le lieu d'ou il est parti (pour s'arreter à une seule chose), il y devroit être encore apres son mouvement.

*Des manieres d'être de l'etenduë, et que l'etenduë qui est l'objet immediat de ma perception est infinie.*

En considérant une partie de l'etenduë avec toute l'attention possible, je vois clairement que ses manieres d'être sont les differentes figures, et les rapports de distance qu'elle peut avoir avec les autres etenduës qui la touchent ou qui en sont eloignées. Lorsque ces rapports de distance demeurent toujours les mêmes, c'est le repos et la situation de cette etenduë; lorsqu'ils changent continuellement, c'est son mouvement. Je vois aussi que les parties de l'etenduë peuvent être grosses et petites dans une infinité de differences. Je ne conçois point distinctement d'autres manieres d'être de l'etenduë qui ne soient comprises dans les precedentes. Ainsi, les manieres d'être de l'etenduë sont les figures, repos, situation, mouvement, et grosseur ou petitesse des parties. Je vois même que les rapports de distance peuvent comprendre toutes ces manieres.

*Les qualités sensibles comme la lumicre, les sons, la froileur ne sont ni etenduës ni modifications de l'etenduë.*

Je conçois clairement que si je ne consultois que l'idée de l'etenduë, je ne vois point qu'elle ait pour ses manieres d'être les sons, la lumière et les autres qualités sensibles; et si je ne les avois jamais apperçûës, je ne verrois point que l'etenduë en fust capable.

Mais je ne vois pas clairement, en pensant a ces qualités sensibles, comme la lumiere, les couleurs, etc., je ne vois pas, dis-je, que je puis les appercevoir sans penser à l'etenduë. Ainsi, cela demande une longue discussion que je ne puis faire que je n'aye connu l'existence de mon autheur.

### *L'idée de l'etenduë est infinie.*

Lorsque j'apperçois l'étenduë, non seulement je n'y apperçois pas de bornes, mais même je suis assuré qu'il m'est impossible d'y en trouver et que je ne sçaurois l'épuiser. Car, quelque grand par exemple que je suppose le diamètre d'une sphere, quelqu'augmentation que j'y fasse ; je suis assuré qu'il me restera toujours de quoy l'augmenter encore, et que je ne sçaurois en supposer un si grand qu'il puisse être, que je n'en puisse concevoir un plus grand.

Donc, je vois clairement et positivement que l'idée de l'etenduë n'a point de bornes. C'est ce que j'appelle infinie.

Mais peut-être qu'ayant une idée finie de l'etenduë, je la prens une fois, deux fois et, en un mot, autant de fois que je veux pour augmenter l'etenduë que je me seray proposée la 1ʳᵉ et que j'augmenteray ensuitte, et qu'ainsi l'augmentation n'est qu'une repetition de la 1ʳᵉ ; mais l'idée de l'etenduë est finie.

Je vois clairement que le neant n'ayant point de proprietés, lorsque j'apperçois à la fois deux choses quoique semblables, il est certain qu'il y a deux idées presentes a mon esprit, et je ne repete la même que lorsque y ayant pensé une fois, j'y pense une seconde et une 3ᵉ fois, et il n'y a que les perceptions de differentes; mais l'objet est le même. Or, j'apperçois tout à la fois tous ces diametres infinis; ainsi, l'un n'est pas une repetition de l'autre.

## § 2. DE L'IDÉE DE DIEU. DE L'EXISTENCE DE DIEU, ET QU'IL EST MON AUTHEUR.

L'idée que j'ay des corps me fait clairement connoître qu'elle existe; autrement, je ne pourrois pas l'appercevoir. Mais je ne sçay ce que c'est que cette idée et si ce ne sont point les corps que je vois dans eux-mêmes, ou bien si l'idée des corps ne me vient point des corps eux-même, ou si ce n'est point moy qui l'ay formée. Et lorsque j'ay voulu m'appliquer a chercher ce que c'est que cette idée et qui en est l'autheur, je me suis trouvé obligé de faire plusieurs raisonnements. Ainsi, je veux differer l'examen de cette question au temps ou je sçauray quel est mon autheur, s'il ne me trompe point, et quelle methode je dois suivre dans mes raisonnemens et mes recherches difficiles. Je vas donc m'appliquer à l'idée de Dieu.

J'entends par ce terme Dieu, l'etre infiniment parfait, et je conçois trois choses dans l'idée de l'etre infiniment parfait.

1° Il doit renfermer une infinité de perfections; car quoique je n'en apperçoive distinctement que tres peu , comme qu'il sait tout, que sa volonté est efficace, et qu'il fait ce qu'il veut , etc. , j'en apperçois neanmoins une infinité, quoique je ne les voic pas clairement.

Mais peut-être a-t-il peu de perfections , par exemple celles que je conçois distinctement, et il n'y a peut-être pas de perfections possibles outre celles qu'il a ; ainsi, ce n'est pas un inconvenient qu'il n'en ait pas une infinité; il suffit que rien ne soit plus parfait que luy , et qu'il ait tout ce qui est possible.

Je vois , néanmoins, tres clairement qu'il seroit plus parfait, s'il en avoit une infinité sans bornes , que s'il n'en avoit qu'un nombre determiné; ainsi, je pourrois concevoir quelque etre plus parfait que Dieu ; et, par consequent, cet être seroit Dieu lui-même.

Mais peut-être que je forme cette idée d'un être, qui auroit une infinité de perfections, des idées que j'ay d'une infinité de parties de l'etenduë dans le nombre desquelles je sçay qu'il n'y a pas de bornes.

2° Je vois que cette difficulté n'est rien parce que la 2ᵉ chose que j'apperçois dans l'être infiniment parfait est que chacune des perfections qui le composent, est infinie, c'est-à-dire sans bornes (1).

(1) *Le paragraphe suivant a été supprimé, ici, par l'auteur :*

Or les idées des parties de l'etenduë n'etant pas chacune in-

Et la 3ᵉ chose que j'apperçois dans l'etre infiniment parfait est que chaque perfection qu'il renferme n'est pas seulement infinie dans le genre de cette perfection, mais en tout genre, et elle renferme sans distinction reelle toutes les autres perfections infinies. Car je vois clairement que l'etre infiniment parfait sera bien plus parfait, en renfermant une infinité de perfections infinies en tout genre, que s'il étoit un assemblage de ces mêmes perfections infinies seulement chacun en son genre, de telle sorte qu'elles pussent être separées les unes des autres.

Or, les idées des differentes parties de l'etenduë ne sont pas infinies du moins en tout genre. C'est pourquoy elles n'ont pas assés de realité pour me faire appercevoir les perfections infiniment infinies de l'etre infini en tout sens.

Je vois aussi que je ne puis pas dire que jaye formé cette idée par la repetition de l'idée infinie de l'étenduë ou des parties de l'etenduë; car j'apperçois tout a la fois chaque perfection infinie en tout sens, ce qui renferme infiniment plus de realité que l'idée de l'étendue.

Jay donc l'idée de Dieu, et j'y apperçois une in-

_____________

finie, du moins en tout genre; mais seulement en celuy de l'etenduë, elles ne me peuvent pas faire voir plus de realité qu'elles n'en ont elles-mêmes.

finité de perfections infinies non seulement chacune en son genre, mais aussi en toutes manieres.

### *Dieu existe.*

Or, tout ce que j'apperçois existe, car l'etendue
que j'apperçois existe, c'est a dire celle qui est
l'objet de ma perception quand je l'apperçois.

Donc, l'être que j'apperçois renfermer une infinité
de perfections infinies en tout sens, c'est à dire ce
qui est l'objet de ma perception lorsque j'apperçois
cet être, a l'existence. Or, ce qui est l'objet immediat de ma perception a des perfections infiniment
infinies, car je les apperçois; et ce qui est apperçû,
est; et ce qui a ces perfections est l'Etre infiniment parfait ou Dieu.

Donc, Dieu existe, et il est l'objet de ma perception, quoique je ne le voie pas distinctement dans
toutes ces perfections. Plus je pense à cela, et plus
j'en suis persuadé.

### *Dieu est mon autheur.*

A present que je connois l'existence de Dieu, je
vois clairement qu'il est immuable, eternel, tout
puissant, qu'il sçait tout, qu'il ne peut vouloir le
rien, et, par consequent, qu'il ne peut tromper. Enfin, il a toutes les choses que je concevray de com-

patibles avec l'etre infiniment parfait, en sorte qu'il soit plus parfait qu'il ait ces choses que de ne les point avoir.

Je chercheray quel est mon autheur. Je vais partager la question en toutes ses parties.

Ou bien je suis sans aucune cause; ou bien jay une cause. Si jay une cause, ou bien c'est un être distingué de Dieu, ou bien c'est Dieu. Je ne puis pas être sans cause : si je suis sans cause, voici les consequences que j'en deduis :

1° Je suis de toute eternité sans commencement. Je ne vois pas clairement qu'il y ait la de la contradiction.

2° Tous les êtres possibles doivent exister. Car si l'un (qui est moy) existe, il n'y a point de raison pour quoy l'autre n'existeroit pas, et je vois clairement que tout ce qui est possible existe si un seul être possible existe sans cause.

Il suit de la que Dieu ne peut produire aucun être, car celui qu'il produiroit seroit possible, et par consequent, il existeroit deja. Ainsi Dieu, ne pourroit rien produire, a moins qu'il ne detruisît quelque être, ce qui repugne a ses attribus; car il ne peut vouloir le rien, et il est contre l'ordre qu'il vueille quelque chose d'inutile; cependant il seroit inutile de detruire un être, pour le produire ensuite, puisqu'il vaudroit mieux le laisser.

Il semble donc que Dieu ne seroit pas tout puissant, puisqu'il ne pourroit rien produire ou, du moins, ne le pourroit sans agir contre ses attributs.

Cela me paroit fort; mais je ne vois point cela d'une maniere que je ne puisse m'empescher d'y consentir.

3°. Il suit aussi de la supposition que je n'ay point de cause, que tous les êtres infinis possibles sont, et que toutes les perfections de Dieu existent separement, et que l'assemblage de tous les êtres contient toutes les perfections de Dieu, avec cette seule difference, que Dieu les renferme d'une maniere qu'elles sont inseparables et ne font pour ainsi dire qu'une seule perfection, et elles sont separées les unes des autres dans le monde. Quoique je voie de l'absurdité considerable dans cette consequence, je ne vois pas encore cela dans une entiere clarté.

Voici donc une autre manière de considerer la supposition. La continuation de l'existence des êtres possibles, comme moy, qui existeroient sans cause, est de la même nature que la continuation de l'existence de mêmes êtres, si Dieu les avoit crées. Cette proposition me paroît tres evidente.

Donc, si les êtres possibles comme moy etant crées de Dieu, auroient besoin pour continuer d'être que Dieu leur donnast continuellement l'existence, en sorte qu'ils fussent anneantis de cela seul que

Dieu cessat de leur donner l'existence, ou de vouloir qu'ils existassent, il est certain que les mêmes êtres, dans la supposition qu'ils n'ont point de cause cesseront d'etre, si aucune cause ne leur donne continuellement l'existence, et qu'ils ont besoin qu'une cause leur donne continuellement l'existence afin qu'ils continuënt d'être.

Or, cela est vray des êtres crées de Dieu. Car, par exemple, lorsque Dieu voudra qu'un corps soit mù ou ait l'existence successivement en plusieurs lieux, il peut vouloir que ce corps ne soit plus dans le lieu d'ou il est parti ni dans les lieux par ou il a passé, mais seulement dans celuy où il est arrivé. Car il n'y a nul inconvénient que ce corps existe plus d'une fois (1).

Or, ce corps sera aneanti de cela seul que Dieu cessera de vouloir qu'il existe, ou de luy donner l'etre.

Car Dieu peut vouloir que ce corps n'ait qu'une seule fois l'existence, comme au lieu où il est arrivé ; il n'est donc point contre l'ordre qu'il n'ait point l'existence au lieu du depart.

_______________

(1) La proposition essentielle de ce raisonnement est qu'il ne repugne pas aux attribus de Dieu qu'un être qu'il a crée soit anneanti dans quelques circonstances comme lorsqu'il est reproduit, c'est à dire qu'il ne repugne pas que Dieu puisse anneantir en quelque occasion. Mais il y repugne que Dieu vueille positivement le neant.

Or il ne peut cesser d'y avoir l'existence que par ces 2 moyens ou parce que Dieu voudra qu'il n'y soit plus, ce qui repugne aux attribus de Dieu qui ne peut pas vouloir le rien ou faire une action dont le rien soit le terme.

Ou bien parce que Dieu cessera de vouloir que ce corps soit dans ce lieu ; ce qui ne repugne point.

Car Dieu peut, sans changement, vouloir qu'un corps soit dans un lieu jusqu'a un temps.

Donc, un corps ou un être crée de Dieu cesse d'être de cela seul que Dieu ne luy donne pas l'existence.

Cela est donc aussi vray de ce même etre, s'il existoit sans cause.

Plus j'apporte d'attention a ce raisonnement, et plus il me paroist evident.

Il suit de la que je ne puis pas exister sans cause, puisque je ne puis pas continuer d'être sans cause. Car pourquoy existerois-je plûtôt un moment qu'un autre, sans cause ?

*Un être distingué de Dieu ne peut pas être mon autheur.*

Un être ne peut être cause d'un autre que de ces 5 façons :

1° Ou bien l'être qui est l'effet etoit tout entier dans sa cause avant d'en être produit ;

2° Ou bien il n'y étoit qu'en partie, et la cause, en le produisant, a tiré du neant le reste;

3° Ou bien il n'y etoit point du tout, et la cause l'a entierement tiré du neant.

S'il y étoit tout entier, la cause n'a rien produit, et la production d'un effet ne sera que la separation de cet effet de sa cause ou il estoit entier. Si les causes produisoient de cette maniere leurs effets, elles ne produiroient rien de reel, puisque toute la realité de l'effet, étoit supposée dans sa cause. De plus, je pourrois demander la cause de la realité de l'effet etant encore dans sa cause.

Mais je reconnois que les causes ne peuvent point produire leurs effets de cette maniere, parce que l'effet etant supposé un être, a besoin qu'une cause luy donne continuellement l'existence; autrement il seroit anneanti. Produire un être comme je suis, c'est donc le tirer du neant, et non pas le tirer tout entier d'une cause dans laquelle il est deja.

2° Mais peut-être que ma cause a, à la vérité, fourni quelque partie de mon être et elle a produit le reste du neant.

3° Et comme cela revient à la 3e manière dont une cause peut produire son effet, il faut, pour resoudre la question, que je cherche si un être distingué de Dieu m'a pû tirer du neant.

Je vois clairement qu'il n'y a nulle necessité qu'une action d'un être distingué de Dieu soit suivie de son effet. Car quand elle n'en sera point suivie, je ne vois point en cela de contradiction.

Mais vois-je clairement qu'elle n'en doit pas être suivie? je le vas examiner par les consequences. Si elle en est suivie une fois, elle le doit être toujours. Car il n'y a aucune raison pourquoy elle le sera plûtôt une fois que les autres.

De plus, si l'action d'un être qui n'est pas infini en tout sens, est une fois suivie de son effet, je ne vois point de raison pourquoy toutes les actions de tous les êtres ne le seront pas aussi. Cela me paroist evident.

Donc toutes mes actions devront être suivies de leurs effets. Cependant, j'apperçois souvent le contraire. Car je ne suis ni si eclairé ni aussi heureux que je le souhaiterois, etc.

Je vois donc, non seulement qu'il n'y a aucune liaison necessaire entre l'action d'un être fini et son effet; mais je vois même qu'il n'y en a pas, puisqu'il y en auroit toujours s'il y en avoit une fois.

Mon autheur n'est donc pas un être distingué de Dieu.

### *Dieu est mon autheur.*

Il suit de la que Dieu est mon autheur, puisque j'en dois avoir un.

Mais Dieu peut-il produire quelqu'être de neant?
Je vois clairement que Dieu ne peut pas vouloir
l'existence d'un être, que cet être n'existe; et qu'il
y a une liaison necessaire entre la volonté de Dieu
et la production de l'effet que cette volonté veut
produire. Car il est bien plus parfait qu'il ne se
puisse pas faire que la volonté de Dieu ne soit pas
suivie de son effet, que si cela se pouvait faire.
Ainsi, Dieu peut produire quelque chose du rien.

*Il n'y a de veritable cause que Dieu.*

Ce raisonnement me fait connoître qu'il n'y a
que Dieu qui puisse produire un effet. Car tout effet, pour être quelque chose. doit renfermer quelque
realité qui ne fust pas; autrement si elle etoit deja,
comment dira-t-on qu'elle vient d'être produite?
Cette realité de l'effet doit donc être tirée du neant,
puisqu'elle n'etoit pas. Or, il n'y a que Dieu qui
puisse tirer du neant. Dieu est donc la seule et véritable cause de tous les effets.

§ 3. DE L'ERREUR. CE QUE C'EST. COMMENT L'ÉVI-
TER. ET LA METHODE QUE JE DOIS SUIVRE DANS LA
RECHERCHE DE LA VERITÉ.

A present que je connois mon autheur, la supposition du mauvais genie qui me trompoit est anean-

tie. Je puis donc decouvrir la verité, et eviter l'erreur. C'est ce que je dois examiner, et me faire une
methode.

Lorsque je crois que quelque chose est autrement qu'elle n'est dans elle-même, c'est une erreur.
Lorsque je crois une chose telle qu'elle est en effet, c'est une verité. La verité est donc ce qui est;
la fausseté ou l'erreur, c'est ce qui n'est point.

Or, toutes choses sont dans elles–mêmes telles
qu'elles sont. Ainsi, toutes les choses qui existent,
sont vrayes, et il n'y a point de fausseté ou d'erreur hors de l'esprit qui pense aux choses.

Je vois clairement que ma faculté d'appercevoir
ou mon entendement ne peut jamais se tromper ou
former une erreur. Car il ne peut pas appercevoir
ce qui n'est pas ; et ce qu'il apperçoit, est; autrement, il ne l'appercevroit pas. Il appercevroit donc
toujours la verité.

Ce qui forme donc l'erreur, c'est ce qui consent
dans moy ou ce qui croit quelque chose. Par exemple si je consens ou si je crois (supposé que le
monde existe) que c'est la terre qui tourne autour
du soleil (supposé que cela ne soit pas), voila une
erreur. Si je crois que les qualités sensibles, la lumière, les sons, etc. sont des modifications de l'etenduë, c'est une erreur si cela n'est pas. Mais lorsque, n'appercevant pas si cela est ou n'est pas,
je n'y donne aucun consentement, ou je ne crois

ni que cela soit ni que cela ne soit pas, je suis dans l'ignorance de cette chose la; mais non pas dans l'erreur.

Puis donc que l'entendement voit toujours les choses telles qu'elles sont, lorsqu'il est vray qu'il les apperçoit ( ce qui arrive lorsqu'il les apperçoit clairement et distinctement), il est evident que je ne tomberay point dans l'erreur si je ne consens qu'aux choses, ou si je ne crois qu'aux choses, que j'auray apperçuës clairement et distinctement.

Or, je sens dans moy que je ne suis point necessité à croire ce que je n'apperçois pas, et que je puis suspendre mon consentement pendant que je n'apperçois pas clairement. Jay donc le pouvoir de ne pas tomber dans l'erreur. Ainsi, c'est ma faute si je me trompe, c'est a dire j'aurois pû m'en empescher.

Mais ais-je le pouvoir de découvrir la verité? oui. Car je trouve dans moy une infinité d'idées; j'experimente que j'y pense quand je veux y penser, et quand je les apperçois, ce sont des verités, puisqu'il est vray qu'elles sont.

Mais comme la verité et l'erreur sont opposées, je n'appelleray pas une verité, la realité d'une idée ou l'existence d'une idée, car il ne peut jamais se trouver la d'erreur, puisque si je consens que j'apperçois une idée, il est vray que je l'apperçois et il est vrai qu'elle est : il ne peut donc y avoir d'er-

reur dans une simple perception ou dans la perception d'une seule chose, ou, ce qui est le même, dans
la perception des idées.

Mais lorsque je compare les idées les unes avec
les autres, pour voir si l'une contient l'autre, ou
luy est semblable, ou luy est cgale ou inegale, ou a
plus de realités qu'elle, etc., il ne peut pas, à la verité, y avoir de l'erreur dans la seule perception de
ces rappors; car si je les apperçois, ils sont; et si
je ne les apperçois pas (quand même ils seroient), il
n'y a pas d'erreur, pourvû que je n'y consente pas;
mais seulement, ignorance.

Mais je sçay par experience que je puis consentir que j'apperçois ces rappors, quoique je ne les
aye pas apperçûs. Comme je puis consentir que
j'apperçois ces rapports, quoique je ne les aye
pas apperçûs; comme je puis consentir que les
qualités sensibles sont ou ne sont pas des modifications de l'étendue, je puis aussi suspendre ma
croyance, du moins jusqu'à ce que j'aye vû cela
clairement et distinctement.

Or, je puis examiner ces rapports et decouvrir
s'ils sont ou ne sont pas; je puis donc decouvrir la
verité, et je puis eviter l'erreur. Car je puis suspendre mon consentement jusqu'a ce que j'apperçoive clairement; et je suis très assuré que je consens à une verité, lorsque je consens à une chose
clairement apperçûë.

Mais il y a deux sortes de verités ou de rappors : les uns sont simples, et je les apperçois en y pensant, côe deux fois 2 font 4, les choses égales a une 3ᵉ, etc.; les autres sont composés, côe les trois angles d'un 3ⁿᵍˡᵉ sont égaux a deux droits.

Je vois que je puis eviter l'erreur dans les rappors simples; mais comment l'eviterai-je dans les composés? Je le puis, en n'y consentant point.

Mais comment y decouvrirai-je la vérité? Car je vois bien qu'en developpant tous les rapports d'ou depend un rapport composé, ou bien, si l'on veut, dont il est composé; et en examinant les plus simples les 1ᵉʳˢ, puis ceux qui n'ont besoin que de l'application des simples, pour paroitre vrays, ou ceux qui sont les moins composés apres les plus simples, et en avançant ainsi de suitte, je viendray à la connoissance du plus composé que je cherche, non toute à la fois, mais par parties.

Or, pour appercevoir clairement un rapport composé, il faut ou que j'apperçoive toute à la fois tous les rapports composans d'ou il depend, ou que je me souvienne de les avoir clairement apperçûs les uns aprés les autres, et leur liaison necessaire ou leur suitte jusqu'au rapport que je cherche; et tout ce que *j'apperçois* clairement à la fois, je dis que je l'apperçois de simple vûë.

Quand j'apperçois clairement de simple vûë un apport composé avec tous ceux qui servent à m'en faire appercevoir la verité, et avec la liaison qu'ils ont ensemble, je vois clairement que je ne me sçaurois tromper.

Mais lorsque la question est si composée que je ne puis appercevoir, de simple vûë, tous les rapports et leurs liaisons qui resolvent la question, ne se peut-il pas faire que je me souvienne d'avoir vû des rapports clairement, et que cela ne soit pas? Mais ou moy ou quelque cause exterieure attachera mon souvenir a des rapports que je n'ay pas apperçûs, en sorte que je croie que ce soit ceux la que j'ay apperçûs clairement, quoique ce soient les rapports opposés a ceux là. Car, puisque ce n'est pas actuellement que je vois clairement ces rapports, lorsque je me souviens de les avoir vûs clairement, ne peut-il pas arriver que mon souvenir soit joint à d'autres qu'a ceux que j'ay apperçûs? Si cela peut arriver une seule fois, je ne puis avoir aucune voie certaine d'acquérir la connaissance des verités composées. Je vais examiner la voie que je dois tenir pour decouvrir les verités composées, et j'examineray ensuitte s'il se peut faire que je tombe dans le defaut precedent.

J'appelle, cõe les autres, une verité, une proposition. Or, je vois qu'il y en a de deux sortes; le rapport des unes est apperçû clairement lorsqu'on les considere avec attention, et ce sont celles-la que je nomme simples, parce qu'elles ne dependent de rien pour être apperçûës.

Dans les autres, quelqu'attention qu'on y apporte, on ne peut pas appercevoir le rapport des termes de ces propositions.

Pour trouver la verité ou la fausseté de ces propositions, il me semble qu'on y peut emploier les moiens suivants :

1°. Examiner d'abord toutes les propositions simples que l'on croit y avoir rapport, puis examiner les propositions d'un degré plus composées que les simples ou qui suivent immediatement des simples, puis celles de 3e degré ou qui suivent des precedentes, et ainsi de suitte jusqu'a ce qu'on arrive à la proposition dont on cherche la verité ou fausseté. Et si on a vu clairement chaque proposition qui la precede avec les enchaisnemens qu'elles ont les unes avec les autres, la question est resoluë.

2°. Ou bien on compare les deux idées ou termes de la question avec un 3e., et si on conçoit clairement qu'elles ont un même ou un different rapport avec le 3e, on en deduit clairement qu'elles ont entre elles un même ou un different rapport. Si un seul troisieme terme ne suffit pas pour deduire le rapport des 2 termes de la question, on en prend un 4e, et on procede ainsi : le 1er et le 3e ont un même rapport, le 2d et le 3e aussi un même; donc, ils l'ont entre eux, etc. Mais si je ne vois pas clairement le rapport du 1ᵉʳ au 3ᵉ, je dis : le 1ᵉʳ et le 4ᵉ ont un même rapport, de même le 3ᵉ et le 4ᵉ; ainsi, le 1ᵉʳ et le 3ᵉ ont un même rapport.

Si je ne vois pas aussi clairement le rapport du 3ᵉ et du 2ᵈ, je les compare a un 5ᵉ terme, de la même manière que le 1ᵉʳ et le 3ᵉ l'ont été avec le 4ᵉ.

Si ces 4ᵉ et 5ᵉˢ termes ne suffisent pas, on en prend de 6ᵉˢ, de 7ᵉˢ, et ainsi de suitte à l'infini.

Si, par cette methode, j'arrive a un rapport simple ou a plusieurs, je puis, en retrogradant, conclure du rapport simple a celui qui est plus composé d'un degré, de celui cy a un autre plus composé, et continuer de suitte jusqu'au rapport qui fait la question : —

Laquelle sera demontrée si tous ces rapports et leurs enchaisnemens ont étés apperçûs clairement.

3° Voici une 3ᵉ methode de decouvrir la verité de la question, qui peut être comprise sous la 2ᵉ qui precède :

Je suppose que le rapport proposé est vray, ou bien qu'il est faux. Je deduis de cette supposition des consequences claires et clairement deduites, et je continuë de les deduire jusqu'a ce que j'arrive a quelqu'une qui est une proposition simple, c'est à dire evidente d'elle même, ou bien qui renferme une manifeste contradiction.

Je puis, alors, en retrogradant, demontrer que la supposition est vraye ou fausse.

Voila toutes les methodes que je connois pour decouvrir la verité.

Je connois par experience que je puis apporter une si forte attention a toutes les propositions et a la suitte qu'elles ont entr'elles, et recommencer tant de fois mes applications ou raisonnemens, que je me rendray toutes les propositions tres familieres ; et je pourray, du moins, en appercevoir toute à la fois deux ou 3 clairement avec leur suitte.

Or, il me semble qu'il me suffit d'en appercevoir seulement deux ou 3 à la fois clairement et leur enchaisnement, afin de ne pas tomber dans l'erreur. Car la proposition du $2^d$ degré par exemple etant apperçûë suivre clairement de celle du $1^{er}$ qui est a même temps apperçûë, cette proposition du $2^d$ degré est ensuitte claire d'elle-même. Une proposition du $3^e$ comparée ainsi avec une du $2^d$ sera claire par elle-même ; et allant ainsi de suitte jusqu'a une proposition, quelque composée qu'elle puisse être, elle sera evidente d'elle-même par la suitte de celle qui la precede. Ainsi, je puis sans craindre de me tromper m'appliquer a la recherche des verités simples et composées. De plus, mon esprit etant borné, je suis assuré que je ne puis pas en faire un meilleur usage pour trouver la verité, et que je ne puis pas agir autrement. Ainsi, si je me trompois agissant de cette maniere, puisque je ne puis pas decouvrir autrement les verités composées, je ne pourrois m'empescher de tomber dans l'erreur, c'est à dire je ne pourrois pas prendre de meilleurs moyens pour découvrir la verité, ou bien il faudroit conclure qu'il me seroit impossible de decouvrir les verités composées; et il n'y a aucune apparence que Dieu, qui ne veut point l'erreur, puisse m'avoir fait d'une telle nature que j'y tombasse de cette maniere.

# MÉDITATIONS

# MÉTAPHYSIQUES.

# MÉDITATIONS MÉTAPHYSIQUES.

## PREMIERE MÉDITATION.

Comme je sens que je suis né libre, je croi que, pour faire un bon usage de ma liberté, je dois douter de tout, jusques à ce qu'une entiere evidence m'oblige, comme malgré moy, à donner mon consentement. Il me semble que je dois douter de tout, puisque j'ay souvent reconnû de la fausseté dans des choses que j'ay reçûes pour vrayes et pour assûrées. Et même, quoique ceci me paroisse, d'abord, absurde et ridicule, il me semble que je dois douter que ces mains, ces yeux, et tout ce que j'ay toûjours regardé comme une partie de moy–même, existe actuellement ; car étant sujet à dormir, j'ay souvent crû voir aussi clairement et aussi distinctement, pendant le sommeil, certaines choses qu'il me semble voir presentement, que j'ay des pieds, des yeux et un corps ; et cependant, à mon réveil, j'ai reconnû que je m'etois trompé. Qui me fera donc connoître presentement que je ne me trompe pas, quand j'assure que j'ay des pieds, etc., moy qui ne sçais point si je dors. Car enfin les choses que je vois en songe me toûchent aussi sensiblement, et m'émeuvent quelques fois même davantage, que celles que je croi voir, pendant que je veille.

Je puis aussi douter de toutes les choses les plus simples, comme de l'étendue en general, de la quantité, du lieu, du temps, etc., même des vérités qu'on prétend que l'arithmétique et la geometrie contiennent, puisque j'ay ouy dire qu'il y avoit un Dieu, c'est à dire un être tout puissant. Car que sçais-je s'il ne s'est point diverti à me donner des sentiments de toutes ces choses, quoiqu'en effet, il n'y en ait aucune qui existe hors de moy ; et s'il ne se divertit pas à me tromper toutes les fois que je fais des calculs, ou que je resous des problêmes.

Je crois donc que, pour établir quelque chose
de ferme et de solide dans les sciences, je dois
douter de tout, et feindre, pour un tems, que toutes
les opinions que j'ai euës jusques icy sont fausses
ou incertaines.

# II<sup>E</sup> MÉDITATION.

—

Comme je ne pretends pas douter simplement pour douter, mais pour découvrir quelque vérité dont je ne puisse douter, je ne dois pas me reposer et me plaire dans mes doutes ; mais je dois examiner toutes choses dans le dessein d'en douter, afin que, s'il y en a quelqu'une que je sois obligé de reconnoître comme existante, malgré tous les efforts que je feray pour en douter, je sorte par elle hors de mes doutes ; ou si je n'en trouve point, après les avoir examineez toutes, je demeure pleinement convaincu qu'il n'y a rien de certain.

Je suppose donc encore, icy, que les corps, la figure, l'étendue et generalement tout ce que je connois par l'entremise des sens, n'est qu'une fiction de mon esprit. Mais d'où me viennent ces pensées? Viennent-elles de Dieu? Cela n'est pas nécessaire;

car peut-être suis-je capable de les produire de
moy-même, et peut-être même n'y a-t-il point de
Dieu. Mais quoique je ne sçache point, ny quel est
leur autheur, ni de quelle maniere elles sont produites, je ne puis douter que je les apperçois. Or,
pour appercevoir il faut être. — Me voilà donc sûr
de quelque chose, qui est que je suis. Mais que
suis-je? Je veux m'examiner pour me connoître,
et, pour mieux executer mon dessein, je veux douter, d'abord, si je suis ce que j'ay toujours crû
être.

J'ay crû jusques icy que j'etois composé de
deux parties : l'une que je nommois *corps* ou étendue, et l'autre à qui je donnois le nom d'*ame*, ou
vent subtil et délié répandu dans mes plus grosses
parties ; mais j'ay supposé que tout cela n'estoit
rien ; et, sans sortir de cette supposition, j'ay
trouvé que j'existois. Je puis donc croire que
j'existe independamment d'aucune de ces choses ;
ou, du moins, je puis douter qu'aucune de ces
choses appartienne à ma nature.

Mais il me semble que je n'avance pas dans la
connoissance de ma nature, c'est à dire de ce qui
me distingue de toute autre chose ; car qu'est-ce
que je suis? — Une chose qui pense, qui entend,
qui conçoit, qui affirme, qui nie, qui veut, qui ne
veut pas, qui imagine aussi et qui sent. Je suis
convaincu par un sentiment interieur que toutes

ces choses sont en moy, et qu'elles ne sont que différentes manieres de pensées. Mais il me semble que je ne conçois point clairement la nature de ce qui est en moy, qui pense, qui veut et qui sent, etc. Car, encore que je connoisse ma douleur par le sentiment que j'en ay, il me semble que je ne scay point clairement ce que c'est, puisque je l'attribue souvent au corps. Ainsi, que puis-je conclure autre chose de tout ce que je viens de dire, si non que je vois mon existence avec plus de clarté et de distinction que je ne faisois auparavant, et qu'elle m'est plus clairement connue que celle des corps ny d'aucun autre objet que ce soit; puisque toutes ces choses sont entre celles dont je doute, et que moy, qui doute, suis sûr que je suis, par cela même que je doute?

# IIIᴱ MÉDITATION.

—

Je rentre dans moy-même, et me represente ce que j'ay appris par ces meditations precedentes. Et, dabort, je connois qu'il faut me detacher des sens et douter de tout, autant que je pourray ; mais qu'il ne m'est pas possible de douter que je suis et que je pense. Enfin, je sens bien que nier, gouter, affirmer, et même imaginer et sentir ne sont que des differentes pensées qui m'appartiennent, et qui m'assurent de mon existence.

Je ne sçay que ce peu de choses ; mais, en suivant le même chemin qui m'a mené à ces connoissances, je pourray peut-être decouvrir quelque autre vérité. Voici l'ordre que j'ay tenu :

J'ay, dabord, voulû douter de tout ; mais j'ai senti que je ne pouvois douter que j'etois ; ou, ce qui est la même chose, j'ay conçû clairement et distinctement que j'existois. Je puis donc admettre pour principe que tout ce que je conçois clairement et distinctement est vray et indubitable. Je pourray peut-être me servir de ce principe comme d'une regle infaillible pour reconnoître s'il n'existe point quelque Etre different de moy.

J'ay jugé qu'il y avoit hors de moy des estres actuellement existants, de ce que j'ay diverses pensées qui me representent plusieurs choses, lesquelles me semblent fort differentes de moy-même. Ainsi, pour reconnoître si mes jugements sont vrays, je feray bien de diviser toutes mes pensées en divers genres ; et considerer si je puis, par elles, prouver l'existence des choses qu'elles representent.

Je remarque en moy plusieurs differentes pensées, dont les principales sont comme les images des choses, ou l'objet immediat et le plus proche de mon esprit, quand j'apperçoy quelque chose ; — et c'est à celles-là seules que je donne le nom d'*idées*.

Je sens encore en moy deux autres manieres de pensées, dont l'une est une certaine impression ou mouvement naturel qui me porte vers l'etre et vers le bien en general ; et c'est ce que j'appelle en moy *volonté*.

Et l'autre, enfin, est une determination ou adherence vers quelque objet particulier, et c'est ce que je nomme *jugement* et *amour*.

Je vois clairement que, dans les idées et nos volontés en elles-mêmes, et sans rapport à autre chose, il ne peut y avoir de l'erreur; car, soit que j'imagine une chimere, ou que je desire une chose qui ne fut jamais, il est toûjours vray que j'imagine et que je desir

Ce n'est donc que dans mes seuls jugements qu'il se peut trouver de l'erreur; et celle ou je tombe ordinairement consiste en ce que je juge par excellence que l'idée que j'ay d'un quarré est semblable à quelque autre quarré qui existe hors de moy, quoiqu'il se puisse faire qu'il n'y ait aucun quarré qui existe actuellement hors de moy.

Et afin de reconnoître certainement si de toutes les idées que je trouve en moy, il n'y en a point quelqu'une dont je puisse conclure l'existence de quelque Etre distingué de moi, je vais encore m'appliquer avec soin a les considerer. 1° Si je les regarde toutes comme des manieres d'etre de moy même, je trouve qu'elles sont toutes semblables; mais si j'ay egard aux choses qu'elles me representent, je vois clairement et distinctement qu'elles sont fort differentes; car je ne puis douter que l'idée qui me représente un Etre infiniment parfait ne soit bien differente de celle qui me represente un être fini et borné.

Or, de quel lieu que me vienne cette idée, il est manifeste, par la lumiere naturelle, qu'il doit y avoir, pour le moins, autant de réalité et de perfection dans la cause d'ou elle procede que dans elle-même. Car la même lumière naturelle m'enseigne qu'il doit y avoir, pour le moins, autant de réalité dans la cause efficiente et totale que dans l'effet; puisqu'il ne se peut pas faire que le plus parfait soit une suite du moins parfait, et qu'un être qui a, par exemple, cent degrés de realité ou de perfection, soit l'effet d'une cause qui n'en a que quatre-vingts; puisqu'il faudroit qu'elle en eust tiré vingt du neant.

Je dois donc conclure de ce principe qu'ayant en moy l'idée d'un être infiniment parfait, laquelle assurement ne peut avoir été formée par moy qui suis borné et fini, il faut necessairement que cet Etre infiniment parfait existe, de qui je reçois l'idée d'une infinité de perfections, puisqu'il faut qu'il y ait autant de realité dans la cause que dans l'effet. Et comme par cet Etre infiniment parfait, j'entens Dieu même, de ce que j'ay en moy l'idée de l'infini, je dois conclure que Dieu existe, car s'il n'existoit pas, j'aurois tiré du neant l'idée d'une infinité de perfections que je ne trouve pas en moy.

Or, comme on ne peut avoir l'idée d'aucune privation que par l'idée de perfection, je conçois l'infini par une veritable idée, et non pas par la negation du fini. Ainsi, la substance infinie ayant plus de realité que la substance finie; j'ay plutost en moy la notion de l'infini que du fini, c'est à dire de Dieu que de moy-même. Car je ne conçois que je ne suis pas tout parfait que parce que j'ay en moy l'idée d'un être plus parfait que le mien, ne pouvant avoir, comme je le viens de dire, l'idée d'aucune privation que par l'idée des perfections dont elle est privation. Mais, quand je dis que j'ay une idée de l'infini, ce n'est pas que je vueille faire entendre que je comprenne l'infini, puisque cela est au-dessus des forces de mon esprit qui est fini; mais je conçois l'infini, puisque tout ce que j'ay d'idées claires et distinctes sont entierement renfermées dans l'idée de l'infini.

# IVᴱ MÉDITATION.

—

Depuis que j'ay fait dessein de douter de tout, je n'ay pû encore m'assûrer que de mon existence et de celle de Dieu, ou d'un être infiniment parfait; et comme l'idée de ces perfections infinies m'a fait connoître qu'il m'en manque plusieurs, avant que d'etendre davantage ma connoissance, je feray bien d'examiner la cause de mes erreurs.

Et, pour proceder toujours avec ordre et en passant, comme par des degrés, des choses les plus connues aux moins connues, je distingue en moy deux manieres d'etre de moy-même : l'une que j'appelle *entendement*, et l'autre *volonté*; c'est à dire que je me considère, en tant qu'appercevant ou recevant des idées et des connoissances, et c'est ce que j'appelle *entendement*; ou en tant qu'étant poussé et determiné vers ces idées, et c'est ce que je nomme *volonté*.

Or, je voi clairement que mon entendement ne peut être la cause de mes erreurs, et que dans le temps que je ne fais simplement qu'appercevoir certaines idées qui se presentent a moy sans les comparer ensemble, je ne puis me tromper. Car je ne puis appercevoir qu'elles ayent des rapports qu'elles n'ont pas. Ce n'est donc que lorsque je juge que ces idées ont des rapports qu'elles n'ont point, que je me trompe. Ainsi, je suis privé de quelque connoissance claire que je pouvois avoir, lorsque je porte avec precipitation mon jugement sur quelques idées que je trouve en moy, sans me donner le loisir de considerer les differents côtés des choses qu'elles representent, pour en reconnoître le rapport, et sans qu'une entiere evidence me force a donner mon consentement.

Enfin, je dois etablir pour principe et pour regle generale qu'afin de ne point tomber dans l'erreur, je ne dois juger des choses que lorsqu'elles me sont si clairement et si distinctement connues, c'est à dire representées par l'entendement, qu'il ne soit plus a mon pouvoir de ne pas donner mon consentement.

# V<sup>e</sup> MÉDITATION.

—

Dieu etant un estre infiniment parfait, je n'entreprendray pas de considerer chacune de ses perfections en particulier, parce qu'il faudroit une capacité d'esprit infinie, que je n'ay pas. Ainsi, je croi que je ferai mieux de m'appliquer a des sujets plus proportionnés a mes forces, et de ne differer pas davantage a faire mes efforts pour sortir de tous les doutes dans lesquels ma premiere meditation m'a jetté.

J'ay en moy des idées claires et j'en ay des confuses. J'ay une idée claire lorsque j'apperçois distinctement le rapport qu'elle a avec une ou plusieurs autres idées; et j'ay une idée confuse, lorsque je ne connois qu'imparfaitement ce rapport. Telle est, par exemple, la connoissance de moy-même, que je n'ay jusqu'icy que par senti-

ment interieur, et non par aucune idée claire, puisque je n'ay aucune idée de ma pensée.

Mais il n'en est pas de même de l'idée que j'ay
de l'étenduë en longueur, en largeur et profondeur; car je voi tout d'une vuë, et sans avoir
d'autre connoissance, que les propriétés d'être mû,
figuré, mesuré, etc., luy conviennent. Et cela me
paroît avec tant d'evidence qu'il n'est pas a mon
pouvoir de ne le pas croire, quoique je ne sçache
point encore s'il existe quelque etendue hors de
moy; car tout ce que je connois clairement et distinctement appartenir a une chose, il lui appartient en effet; et quoique je ne puisse pas conclure
l'existence de l'étenduë de ce que j'ay une idée
claire et distincte, cependant, le jugement que je
viens de porter, que ces proprietés d'être mu, figuré, etc., appartiennent a l'étenduë, par cela seulement que je conçois clairement et distinctement
qu'elles luy appartiennent; ce jugement, dis-je,
sert encore à me prouver l'existence de Dieu; car
l'existence me paroit aussy evidemment renfermée
dans l'idée que j'ay de l'être infiniment parfait,
que la longueur, largeur et profondeur, ou que ces
propriétés d'être mû, figuré, mesuré, etc., dans
l'idée de l'étenduë : puisque l'existence étant une
perfection, elle est necessairement renfermée dans
celuy qui les a toutes. Et ce qui fait la force de cette
demonstration vient non seulement de ce que moy,

qui suis borné et fini, ne puis pas être l'auteur de l'idée que j'ay de l'Etre infini, comme je l'ay prouvé dans la troisième meditation; mais encore de ce que l'essence et l'existence de l'Etre infiniment parfait ne pouvant être conçuës l'une sans l'autre, de cela seulement que j'ay l'idée de cet Etre infiniment parfait, je ne puis m'empescher d'en conclure l'existence, au lieu que je puis tres clairement concevoir l'étendue en longueur, largeur et profondeur, sans que je puisse, pour cela, en conclure l'existence, parce que l'essence et l'existence de l'étendue peuvent être conçuës separément.

# VIᵉ MÉDITATION.

—

Je suis convenu, dès la meditation precedente, que l'idée claire et distincte que j'ay en moy, de l'étendue, —je n'en puis pas conclure l'existence.

Je voy même clairement que je ne puis conclure l'existence d'aucune chose que mes idées me representent, si l'on en excepte l'existence d'un Etre infiniment parfait; car il est constant que je ne suis point auteur de mes idées, puisqu'elles me viennent souvent dans l'esprit malgré moy. Elles ne sont pas non plus produites en moy par les corps qui m'environnent; car je ne conçois point que de l'étendue ronde, ou quarrée, ou figurée de quelque autre manière, puisse avoir en soy la force de se rendre intelligible, et de se faire sentir à mon esprit. Il faut donc, necessairement, que Dieu, c'est à dire un être intelligent et une puissance infinie, soit la source et l'origine de toutes mes idées. Cela étant, ne peut-il pas mettre en moi toutes ces idées, sans que les choses qu'elles me représentent existent actuellement? Il est vray que j'ay, dabort, quelque peine à le croire, car il me semble que je pourrois l'accuser de tromperie, de me donner ainsi des idées qui me representent certaines choses, comme existantes hors de moy, lesquelles n'existent pas en effet. Mais, venant à faire reflexion que l'idée que j'ay du soleil, ou l'objet immediat et le plus proche de mon esprit, quand je voi ce soleil, differe entierement de moy-même; puisque je sens bien que je ne suis pas la soleil que je vois. Et considerant aussy que cette idée n'est pas le soleil qui eclaire le monde, puisque l'objet immediat de mon esprit doit être intelligible, et que celui-là est materiel, je suis obligé de croire que tout ce que je vois est de la maniere que je le vois, c'est à dire d'une maniere intelligible dans la substance de Dieu même. Et ainsi, au lieu d'appeler Dieu trompeur, à cause qu'il me donne des idées de toutes choses, je dois m'accuser d'erreur, d'avoir jugé avec trop de precipitation qu'il existoit hors de moy quelque autre que luy.

Cependant, il y a bien de l'apparence qu'il existe de l'etendue hors de moy, quoyque je ne puisse pas absolument le démontrer. Car tout ce que la nature m'enseigne, soit par instinct ou autrement renferme en soy quelque vérité; puisque par la nature, je n'entens autre chose, que Dieu même agissant dans ses créatures. Or, la nature semble m'enseigner, que je suis uni à un corps; c'est à dire que jay des relations fort étroites avec une certaine étendue, qui est bien ou mal disposée, lorsque je sens du plaisir ou de la douleur. Cette même nature semble encore me porter à croire qu'il y a plusieurs autres corps qui m'environent, dont la fuite ou la poursuite est necessaire à la conservation de ma vie. Il est donc fort probable que l'étendue existe horsdemoy de la maniere que mon idée me le represente.

Il est vray que j'ay ouï dire, que la nature incite à boire certains malades que l'on appelle hydropiques, quoiquecela leur soit tout à fait nuisible; si bien qu'il semble que je ne dois pas ajouter foy à tout ce que la nature m'enseigne, puisqu'elle peut quelquefois me tromper. Mais il est de la grandeur et de la sagesse de Dieu d'agir toujours par les voyes les plus simples, et de faire le moins d'exécution, qu'il lui est possible; et que, d'ailleurs, il a dû vouloir, pour la conservation de mon corps, que lorsqu'il s'exciteroit certains mouvemens dans mon gosier, je sois porté à chercher à boire, il pourra arriver que pour executer ses decrets, et suivre les loys qu'il s'est luy-même imposeez, il sera obligé d'exciter en moy la soif, dans un tems, que, pour la conservation de mon corps, il sera dangereux de boire, sans que, pour cela, je puisse l'accuser d'injustice ou de tromperie, parce qu'étant la cause generale et universelle, il ne doit pas avoir de volonté particulière pour tous les cas particuliers.

Je dois, cependant, prendre garde que toutes mes sensations, qui semblent n'etre produites en moy, qu'a l'occasion des differentes manieres d'etre de l'etendüe, servent plus à me prouver l'existence de Dieu, que celle de l'etendüe; car toutes mes sensations ne sont que differentes modifications de moy même, puisque je sens qu'elles m'appartiennent, et que je ne le conçoi que par sentiment intérieur et non par aucunes idées claires. Or, elles ne sont pas produites en moy par moy même; car je n'en aurois jamais que d'agreables, qui me rendroient heureux ; elles ne vienent pas non plus de la part des objets exterieurs, puisqu'il faudroit qu'ils eussent la force de me rendre heureux, et malheureux, laquelle force me manque en moy même. Il est donc necessaire que Dieu en soit l'auteur, comme étant le seul, qui puisse faire ma felicité. Et, ainsi, mes sensations me prouvent clairement que Dieu existe, et ne prouvent l'existence des corps que d'une manière fort imparfaite. Car Dieu, qui agit toujours par les voyes les plus simples, etant la cause immediate de mes modifications, j'ay sujet de penser, que ce serait un trop long detour de cet être infiniment sage, que de créer de l'etendue pour me donner des sensations, qu'elle ne peut pas produire; et ainsi il n'est point absolument necessaire que l'etendue existe.

Je ne scaurois pas non plus conclure qu'elle existe de ce que je pourrois moy même etre cette etendue; car il suffit que je puisse clairement et distinctement concevoir une chose sans une autre, pour être certain que l'une est distincte et differente de l'autre. Ainsi, de cela même que je connois avec certitude que j'existe, et que, cependant, je ne remarque point qu'il appartienne necessairement à mon essence, ou à ma nature autre chose que la pensée; je conclus fort bien que mon essence consiste en cela seul, que je suis une chose qui pense. Et quoique, peut etre, il se puisse faire quil existe quelque etenduë à laquelle j'ay une relation particuliere; neantmoins, parce que, d'un coté, je n'ay point d'idée claire de moy même, mais seulement un sentiment interieur, qui m'assure, que je suis une chose qui pense, et non etendue; et que, d'un autre côté, j'ay une idée claire et distincte du corps, en tant qu'il est seulement une chose etendue, et qui ne pense point, — il est certain que moy, c'est à dire, mon esprit, ou mon ame par laquelle je suis ce que je suis, est entierement et veritablement distincte de mon corps.

En effet, quand je me considere moy même comme une substance qui pense, je ne puis distinguer en moy, ni longueur, ni largeur, ni profondeur; mais je conois que je suis une chose absolument une et entiere, et que sentir et vouloir ne sont pas des differentes parties de mon etre : puisque c'est toujours le même esprit en moy qui s'applique tout entier a vouloir et tout entier a sentir. Mais il n'en est pas de même de l'etendue; car je n'en puis imaginer aucune, pour petite qu'elle soit, que mon esprit ne divise fort facilement en parties et ne conçoive, par consequent, tout a fait la difference de sa nature.

Je puis donc, presentement, conclure de ce que je viens de dire, qu'il m'est impossible de démontrer l'existence de l'etendue, et que notre esprit est si foible, qu'il y a tres peu de choses dont nous ayions des connoissances certaines et evidentes.

# VII<sup>E</sup> MÉDITATION.

J'ay fait tout ce que j'ay pu pour sortir des doutes, ou ma jetté ma premiere meditation ; mais plus je m'efforce a chercher une demonstration de l'existence de l'etendue, et plus je me confirme que c'est une entreprise au dessus de mes forces. Car, quand je viens à considerer que ce que je voi doit etre intelligible, ou plutost que je ne puis voir que la substance de Dieu même, comme representant ce que je vois ; et que Dieu, n'ayant que tres peu de decrets, doit toujours agir par les voyes les plus simples et les plus courtes ; et que, d'ailleurs, il me donne directement toutes mes pensées, toutes mes idées et toutes mes sensations : — je trouve si peu de rapport entre la manière dont il me semble que Dieu doit agir, et le long detour qu'il luy faudroit prendre en creant de l'etendue pour me le faire voir, que je m'accuserois d'imprudence d'avoir jugé autrefois qu'il existoit hors de moy quelque autre etre que Dieu ; et d'opiniatreté, de ce que j'ay presentement tant de peine à me persuader qu'il n'existe aucun corps, si la foi, qui est au dessus de ma raison , ne m'ordonnoit de le croire.

De plus, Dieu etant infiniment bon, et essentiellement aimable, ne m'a creé que pour l'aimer, non d'un amour contraint et interessé, mais d'un amour libre et digne de luy. Et ainsy, lorsqu'il me fait avoir des sensations agréables, c'est afin que, quittant le plaisir que j'y trouve, et me detachant de moi même pour m'unir à luy, je le puisse aimer d'un amour de choix. — Je veux dire que Dieu m'ayant donné assez de mouvement, pour me porter vers luy, qui est tout bien et tout etre, m'a laissé, neantmoins, le pouvoir de me reposer dans les biens sensibles et particuliers, afin que, me servant de tout le mouvement pour aller à luy dans le temps que je pourrois m'arrêter a d'autres biens, je puisse le preferer à ces biens, et l'aimer, par consequent, d'un amour de choix. De sorte que, sans supposer aucune etendue, il n'est pas difficile d'expliquer pourquoy Dieu me donne toutes mes sensations.

# VIII.ᵉ MÉDITATION.

—

Comme je n'etends pas beaucoup ma connoissance, lorsque je m'applique à considérer l'etendue,
parce que je ne puis pas m'assûrer de son existence,
je croy que je feray bien de reflechir sur moy
même et de me regarder comme un esprit pur et
sans rapport à aucun corps. Aussi, ne scais-je point
encore s'il n'existe pas des etres pareils au mien,
et si mon esprit ne sera point aneanti quelque
jour.

Je ne connois par aucune idée qu'il existe des
esprits differents du mien, parce que je n'ay aucune idée des esprits; puisque, si je voyois en Dieu
l'idée qui repond a ces esprits, je connoitrois, en
même temps, ou je pourois connoitre toutes les
propriétés dont ils sont capables. Je ne connois pas
non plus les esprits par eux mêmes; car je ne puis

concevoir, qu'il y ait quelque autre etre, que Dieu, qui penetre mon esprit, et qui se decouvre a luy. Je ne puis aussy conoitre par sentiment, ou par conscience, l'existence de quelques autres esprits que le mien, parce qu'il n'y a que moy que je puisse connoitre de cette maniere, et que je ne sens que ce qui m'appartient. Ce n'est donc que par conjecture, que je puis juger qu'il existe des esprits hors de moy. Et ce qui me fait conjecturer qu'ils existent, c'est qu'il me vient quelquefois des pensées, auxquelles ma volonté n'a point de part, qui sont accompagnées de certaines sensations que j'appelle *son*, dont je ne suis pas l'occasion, et qui me paroissent avoir un tel rapport, et une telle liaison avec mes pensées propres, qu'elles y repondent exactement. Il est vray que Dieu peut immédiatement, et par luy seul, entretenir ce commerce de pensées avec mon esprit; mais ces pensées sont telles qu'elles me portent naturellement à croire qu'il y a quelque esprit semblable au mien, qui les a conçuës et qui a voulu qu'elles me fussent communiqueez.

Il ne me reste plus, maintenant, qu'a examiner si mon esprit et tous les autres que je conjecture exister, sont immortels, c'est a dire, s'ils ne changeront point quelque jour de forme, ou s'ils ne seront point tout a fait aneantis. Sur quoy, je dois prendre garde que mon esprit n'étant pas étendu (puisque je puis connoître avec certitude que j'existe, et que néantmoins, je ne remarque point qu'il appartienne nécessairement à mon essence, ou à ma nature, autre chose que la pensée), il n'y a en moi ni longueur, ni largeur, ni profondeur, et que, par consequent, je ne suis point composé de parties. Je ne scaurois donc jamais changer de forme ; car je ne conçois, par le changement de forme, qu'une séparation de parties, dont un esprit n'est pas capable.

Je ne seray pas non plus aneanti ; car si j'ay d'abort egard aux forces de la nature, je ne comprens pas comment il se peut faire naturellement que quelque chose devienne rien ; de même que je ne connois pas qu'il soit possible naturellement que rien devienne quelque chose. Car, s'il n'y avoit un Être infiniment parfait, et infiniment puissant, qui par un seul acte de sa volonté créc toutes choses ; je ne conçois pas comment ni par quelles forces moy et tous les êtres finis, qui existent présentement, pourroient être aneantis, puisque, pour aneantir, il faut une puissance infinie, aussy bien que pour créer.

Quand je dis, que je ne comprens pas coment cela se pourroit faire naturellement, je ne crois pas que ceux qui mediteront avec moy là dessus, le conçoivent non plus que moy. Car enfin, tant de petits changements qui arrivent dans la nature ne sont pas aneantissement, comme ceux qui ne regardent que superficielement les choses, le pouroient croire; et il ne faut qu'un peu d'application, pour voir que le feu qu'on met dans une buche ne fait que diviser les parties, les subtiliser et changer leur figure.

Les estres, par toutes les raisons que je viens d'alleguer, ne pouvant donc etre aneantis par les forces de la nature, il faut qu'il n'y ait que Dieu, c'est à dire un Être infiniment puissant, qui ait ce pouvoir. Or, il n'y a pas d'apparence que Dieu, qui est immuable dans ses decrets, crée quelque chose pour l'aneantir. Car, ne tirant du néant les esprits que pour l'aimer, et les corps, que pour manifester sa gloire, puisqu'il est toujours aimable, et toujours digne de gloire, pourquoy aneantiroit-il des estres qui sont capables de l'aimer? Et pourquoy détruiroit-il des creatures qui doivent servir eternellement à faire éclater sa grandeur et sa puissance? et pour les aneantir ne faudroit-il pas qu'il fut capable de changement, puisqu'il faudroit, qu'il put se repentir d'avoir creé des etres, ce qui n'est pas concevable en Dieu?

# IX<sup>e</sup> MÉDITATION.

Comme j'ay taché de conduire, autant qu'il m'a été possible, mes pensées par ordre ; et que, même sans m'écarter du même chemin , je me suis satisfait sur la plûpart des questions abstraites et metaphysiques , — je crois qu'il me sera présentement plus facile de resoudre celles qui en dependent , et que je pourray, par exemple, découvrir sans peine, si les bêtes ont une ame.

Mais, comme les équivoques sont souvent cause que je me trompe, je crois qu'il est à propos d'expliquer le mot d'Ame.

Par ame , j'entens quelque chose de corporel , étendu par tout le corps qui lui donne le mouvement et la vie, ou bien j'entens quelque chose de spirituel.

Il y a donc deux choses à examiner dans cette question : La première, qui est de scavoir si l'ame des bêtes est seulement quelque chose de corporel repandu par tout le corps, qui luy donne le mouvement et la vie; ou bien si l'ame des bêtes est quelque chose de spirituel, comme je sens qu'est la mienne.

Je crois, dabort, que je ne puis pas nier aux bêtes quelque chose de corporel, qui soit le principe de leur vie, ou de leurs mouvements, puisque je ne le puis pas même aux montres. Mais je ne voy rien, dans les bêtes, qui soit capable de sentir de la douleur, ou du plaisir; de voir les couleurs, ou d'entendre les sons. Par exemple, lorsque je suis proche du feu, les parties du feu viennent heurter contre ma main : elles en ébranlent les fibres; cet ébranlement se communique jusqu'au cerveau; il détermine les esprits animaux qui y sont contenus a se repandre dans les parties extérieures du corps, d'une manière propre pour se retirer, et ensuite dans le cœur et dans les visceres, afin de fournir les esprits animaux nécessaires pour mettre le corps dans la disposition où il doit être par rapport à l'objet present. Je voy bien que toutes ces choses, ou de semblables, se peuvent rencontrer dans les animaux; et qu'elles s'y rencontrent, en effet, parce que toutes les choses sont des propriétés des corps. Mais venant à sentir que l'ébranlement des fibres de mon cerveau est accompagné du sentiment de chaleur, et que le cours des esprits animaux

vers le cœur et vers les visceres est suivi de la pas-
sion de haine ou d'aversion , — je ne vois rien qui
me pousse à croire que les bêtes sentent aussi
bien que moi de l'aversion pour les choses qui les
incommodent, ny qu'elles soient capables de toutes
les passions que nous ressentons. Car je voy clairement que les bêtes ne ressentent pas de la douleur ny du plaisir, qu'elles n'aiment, ou ne haissent
aucune chose; puisque je n'ay encore jusqu'icy
rien admis que de matériel; et que je ne pense pas
que les sentimens, ny les passions, soient les propriétés de la matière, telle qu'elle puisse être. Car
si je rentre dans moy-même, et que je considère,
avec toute l'attention dont je suis capable, l'idée
que j'ay de la matière; — comme je ne conçoi
point, que la matière figurée d'une telle manière,
en quarré, en rond, etc., soit capable de la douleur,
du plaisir, de la chaleur, etc. ; je ne puis assurer
que l'ame des bêtes, qui n'est que pure matière ,
soit capable de sentir ; et come je ne le conçoi pas,
je ne le veux pas assurer, puisque je ne dois assurer
que ce que je conçois. Ainsi, come je ne conçois
pas que de la matière agitée de bas en haut , et de
haut en bas, en ligne circulaire, etc. ; soit un
amour, une haine, etc. ; je croy devoir assurer que
les bêtes n'ont pas les mêmes passions que moy.
Et avec quelque attention que je considère l'idée
que j'ay de la matière, je ne conçoi point qu'un

mouvement de matière puisse être un amour, une joie, etc.; qu'une trace, ou une image, que les esprits ont formée dans le cerveau soit une pensée; et que tous mes raisonemens ne consistent que dans la différente situation de quelques petits corps qui s'arrangent diversement dans ma tête.

Mais peut être que l'ame des bêtes est spirituelle et indivisible, comme la mienne. Les chiens ne connoissent-ils pas leurs maistres : ils leur donnent des marques d'amitié : ils souffrent avec patience les coups qu'ils en reçoivent, parce qu'ils jugent qu'il leur est avantageux de ne les point abandonner; — au lieu qu'ils ne peuvent pas seulement souffrir les caresses des étrangers. Les chats qui sont des animaux si indociles, s'accoutument à vivre avec les maîtres, et payent de caresses ceux qui en prennent soin. Les oyseaux, qui font leur nid avec tant d'adresse à l'extremité des branches, marquent assez qu'ils apprehendent que certains animaux ne les dévorent. Il n'y a pas jusqu'aux aragnées, et aux plus vils insectes, qui ne donent des marques qu'il y a quelque intelligence qui les anime; — car on ne peut s'empescher d'admirer la conduite d'un animal, qui, tout aveugle qu'il est, trouve moyen d'en surprendre d'autres qui ont des ailes, et desquels les plus gros ne peuvent se deffendre.

Après toutes ces preuves convainquantes, je ne

puis pas nier que tous les mouvements des bêtes marquent qu'il y a une intelligence. Car tout ce qui est reglé, le marque : une montre même le marque. Il est impossible que le hazard ait composé les roues, et il faut que ce soit une intelligence qui en ait reglé le mouvement. Les plantes mêmes marquent aussy intelligence : elles se nouent de distance en distance pour se fortifier; et elles couvrent leurs grains de pieux et d'une peau pour les conserver. Enfin tout ce qui arrive aux plantes et aux bêtes marque certainement une intelligence.

Mais il faut encore oter l'equivoque. — Les mouvements de la matiere marquent une intelligence; mais une intelligence qui est distinguée de la matiere et des bêtes, come celle qui arrange les roues d'une montre est distinguée de la montre. Car, enfin, cette intelligence paroit infiniment sage, infiniment adroite, infiniment puissante. La même qui a formé mon corps dans le sein de ma mère, et qui me donne l'accroissement, auquel, quelque effort que je fasse, je ne puis rien ajouter.

Ainsi, dans les chiens, les chats et les autres animaux, il n'y a ny intelligence, ny ame spirituelle, comme on l'entend ordinairement. Ils mangent sans plaisir; ils crient sans douleur; ils croissent sans le sçavoir; ils ne desirent rien; ils ne connoissent rien; — et s'ils agissent avec adresse,

et d'une manière qui marque l'intelligence, c'est
que Dieu, les faisant pour les conserver, il a con-
formé leurs corps de telle manicre, qu'ils évitent
organiquement, sans le sçavoir, tout ce qui peut
les détruire et qu'ils semblent craindre. Autrement,
il faudroit dire, qu'il y a plus d'intelligence dans
le plus petit des animaux, ou même dans une seule
plante, que dans le plus spirituel des hommes. Or,
il est constant qu'il y a plus de differentes parties,
et qu'il s'y produit plus de mouvemens reglés que
je ne suis capable d'en connoitre; et je ne dois pas
être surpris de voir que Dieu fait agir ces bêtes
d'une manière si reglée, puisque je suis convaincu
qu'il fait en moy des choses bien plus surprenantes.
Mais ce qui fait que j'ay tant eu de peine à me
persuader que les bêtes ne sont que des pures machines, vient de ce que j'ay toûjours cru que mon
ame produit, dans mon corps, tous les mouvemens et tous les changemens qui luy arrivent.
J'avois faussement attaché au mot d'*ame* l'idée de
productrice et de conservatrice du corps, m'ima-
ginant que mon ame produisoit en moy tout ce qui
est absolument nécessaire à la vie. Ainsi, j'avois
jugé qu'il etoit absolument necessaire qu'il y eust,
dans les bêtes, une ame pour y produire tous les
mouvemens et tous les changemens qui leur arrivent, lesquels sont assez semblables a ceux que
Dieu fait dans notre corps; parceque nous sommes

entierement semblables à elles par le corps. Mais,
depuis que j'ai reconnu que l'ame n'avoit, d'elle
même, aucune action, aucun pouvoir, aucun mouvement, et qu'elle ne scait seulement pas coment
est fait le corps auquel elle est unie, ny coment se
fait en luy le moindre de ses mouvemens, j'ay vu
clairement qu'il etoit inutile et ridicule de donner
aux bêtes une ame pour expliquer tous les mouvemens que nous remarquons dans ces bêtes; puisque, quand bien même des substances spirituelles
et pensantes seroient unies à ces bêtes, il faudroit
toûjours recourir à Dieu pour expliquer tous leurs
mouvemens.

Pourquoi donc attacher à ces petits corps des
ames spirituelles, immaterielles, et capables de
l'amour de Dieu, nées pour etre eternelles, heu-
reuses ou malheureuses? et quelle raison ai-je de
croire qu'elles existent? Je ne puis affirmer qu'il
y a substance pensante dans le monde, que parce
que je suis sûr que je pense. Je ne connois, par aucune idée, qu'il existe des esprits différens du
mien; — puisque je n'ay aucune idée des esprits;
et que, si je voyois en Dieu l'idée qui repond à ces
esprits, je connoitrois toutes les proprietés dont ils
sont capables. Je ne connois pas non plus les esprits
par eux-mêmes; car je ne puis concevoir qu'il y ait
quelque autre que Dieu qui penetre mon esprit, et
qui se découvre à luy. Je ne puis non plus connoitre

par sentiment intérieur, ou par conscience, l'existence de quelque autre esprit que moy, parcequ'il n'y a que moy que je puisse connoitre de cette maniere, et que je ne sens que ce qui m'appartient. Ce n'est donc que par conscience que je puis juger qu'il existe des esprits hors de moy; et ce qui me le fait conjecturer, c'est qu'il me vient des pensées auxquelles ma volonté n'a point de part, qui sont accompagnées de certaines sensations, que j'appelle *sons*, et dont je ne suis pas l'occasion; — et qui me paroissent avoir un tel rapport et une telle liaison avec mes pensées propres, qu'elles y repondent exactement. Et ces pensées sont telles qu'elles me portent naturellement à croire qu'il y a quelque esprit semblable au mien qui les a conçûës, et qui a voulu qu'elles me fussent communiqueez. Mais si je rentre en moy même, et que je consulte mon interieur, pour voir si les bêtes pensent, — je vois evidemment que je n'ay point avec elles de liaison de pensée, ni de longue suite de raisonnement, puisque je n'apperçois en elles que certains signes extérieurs qui me semblent venir de Dieu pour la conservation de ces machines; et qu'ainsi rien ne pousse invinciblement a juger que ce sont des êtres pensans; et que je puis fort bien concevoir que Dieu peut mouvoir ces machines de toutes les manieres, dont elles me paroissent etre muës, sans qu'il soit besoin qu'il unisse ces machines à des

êtres spirituels et pensans : — Puisque moy qui
suis uni au corps, ne scai pas seulement comment
est fait ce corps, ny comment Dieu produit en moy
le plus petit de ses mouvemens.

## X<sup>e</sup> MÉDITATION.

—

Plus je medite, en reflechissant sur moy même,
et plus je me convaincs que je suis dans une entiere et absolue dépendance de Dieu ; et il suit si
évidemment des meditations precedentes, que je
n'ay, de moy même, ni action, ni mouvement,
qu'il n'est pas possible d'en douter. Car je n'ay
d'impulsion, ni de mouvement vers aucun objet,
soit general, soit particulier, que celuy qui me
vient de Dieu. Je ne puis connoitre aucun objet si
Dieu ne me le fait connoitre. Toutes les pensées
que j'ai presentement, que je medite, et generalement toutes celles qui me tombent dans l'esprit,
me viennent directement de Dieu. Je ne comprens
d'idées que celles qu'il presente à mon esprit, et
qu'il me fait comprendre. Et, comme je l'ay deja
prouvé ailleurs, si je me donnois a moy même mes

idées, mes pensées, je ne m'en donnerois que d'a-
gréables, puisque je ne suis porté qu'a ce qui peut
me rendre heureux. Je ne conçois pas non plus que
quelque autre que Dieu puisse etre la cause efficiente, totale, c'est a dire la source et l'origine de
mes idées : — puisque, si cela etoit, il se pourroit
faire que quelque autre etre que luy seul pût etre
mon bien et ma felicité, ce qui n'est pas convenable.
Ajoutez a cela, que ce qui m'est représenté par
mes idées, n'est rien autre chose que la substance
de Dieu même, comme je l'ay prouvé ailleurs. Il
faut donc que toutes mes idées et toutes mes pensées viennent directement et necessairement de
luy; et qu'il en soit le seul auteur. Ainsi, puisque
je ne puis agir de moy même; c'est a dire que je
ne puis former de moy même aucune pensée dé-
terminée, ny me representer à moy même l'idée
d'aucun être déterminé, ny le comprendre, ny, par
consequent, avoir d'impulsion vers quelque objet ;
— si Dieu ne fait toutes les choses en moy, ne suis-
je pas, de moy même, sans action et sans mouvement, et ne puis-je pas me comparer a un bloc de
marbre disposé à recevoir toutes les differentes
figures que le sculpteur voudra luy donner, et qui
est incapable, de soy même, de s'en donner aucune?

Mais, quoique cela me paroisse clair et evident,
il m'a toujours semblé que j'etois libre; et c'est
une opinion que j'ay toujours conservée durant

mon enfance. C'est a dire que j'ay toujours crû
avoir le pouvoir de certaines choses, ou de ne pas
vouloir; de les faire, ou de ne pas vouloir les faire;
ou, du moins, je croyois n'etre pas porté invinciblement a les faire, ou a ne les pas faire. Et j'ay si
souvent entendu agiter cette question, que je ne
croi pas pouvoir trouver un sujet plus digne d'etre
medité.

Ma volonté, comme je l'ay déjà défini, est une
impression, ou un mouvement que Dieu a mis en
moy, par lequel je me porte vers luy-même, comme
étant tout bien et tout être. Or, il est evident que
je dois necessairement suivre cette impression,
puisqu'elle me vient de Dieu, et qu'il n'est pas concevable que moy, qui n'ay pas seulement la force
d'agir de moy même, puisse avoir celle de resister
aux impressions qui me viennent de luy. Il ne me
reste donc plus qu'a sçavoir si je suis porté de moy
même à aimer les biens particuliers.

Dieu me donne une impression et un mouvement
pour aller vers luy comme étant tout bien et tout
etre; et c'est ce que j'appelle volonté. Ensuite il me
donne l'idée des biens particuliers, et, par la même
impression dont il me pousse vers le bien en general, il me pousse aussy vers le bien en particulier.
Jusqu'icy, je n'ay rien admis qui ne vinst de Dieu.
Or, il faudroit, pour être libre (au sens qu'on entend ce mot dans l'echole, *d'un choix fait avec dif-*

*ference*) que je puisse ne pas suivre l'impression que Dieu me donne, et me donne sans cause, et que j'eusse la force de m'arrêter de moy même à un certain bien particulier, plutost qu'a un autre. Mais d'où aurois-je tiré cette force, puisque de moy même je n'ay ni action ni mouvements, et que je ne suis simplement qu'un sujet disposé à recevoir toutes les impressions de l'auteur de la nature ? Cependant, il faut de l'action, de la force pour arrêter en moy le cours de l'impression que Dieu me donne, et pour considérer un bien particulier ; il faut de la force pour m'arrester et me determiner à un certain bien particulier plutôt qu'à un autre. Mais comment cela se pourroit-il faire ? Je n'ay, de moy même, ni action ni mouvement. Je ne puis seulement pas, de moy-même, connoitre le bien particulier, ny, de moy même, en avoir l'idée : je ne puis, de moy-même, y penser. L'impuision que j'ay en moy vers luy, me vient de Dieu, puisque tout ce qui est en moy me vient directement de Dieu.

Ainsi, comment pourrois-je m'arrêter à considérer les biens particuliers, si Dieu ne m'y pousse, et s'il n'a été decreté de Dieu, — puisque je ne puis aller contre sa volonté qui fait l'ordre ? D'ou aurois-je tiré la force de preferer certains biens particuliers à d'autres ? et comment concevoir que la force de la volonté humaine fust plus grande, que celle

de la Divine, et qu'elle pust détourner les moindres
de ses impressions, — puisque, pour detourner
une détermination, il faut empescher sa durée et sa
conservation? Or, c'est une opération divine que
celle de changer l'état d'une chose, d'en donner
une autre à sa place, et de la conserver. Cependant, parce que je sens interieurement en moy
même que je suis delivré de toutes sortes d'empes-
chement à ce que je veux faire, ou a ce que je desire; c'est a dire que parce que je sens bien que je
ne fais que ce que je veux, je suis contraint d'a-
vouer que je suis libre; ou, ce qui est la même
chose, que Dieu ne pousse invinciblement que vers
les biens qu'il me fait desirer, c'est à dire que je
sens interieurement en moy même que Dieu ne me
fait point aimer le bien particulier, qu'il ne m'ait
en même temps poussé vers le bien particulier; ou,
ce qui est la même chose, qu'il ne m'ait fait aimer
ce bien particulier. Ainsi, je ne dois pas être surpris, si je sens interieurement que je ne suis contraint et empesché en aucune de mes actions, puisque Dieu accorde toujours ma volonté avec mes
actions et avec sa volonté, et qu'il me fait toujours
vouloir ce qu'il me fait faire.

Enfin, l'impression que Dieu me donne vers
tout bien et tout être, laquelle impression fait que
ma volonté sert a me faire connoitre qu'il me semble que je ne sois pas invinciblement porté vers les

biens particuliers. Car, par exemple, si Dieu me
donne l'idée du bien A et l'idée du bien B ; si,
dans le bien A, il y a quatre degrés de perfection,
et que dans le bien B il n'y en ait que deux, — il
est indubitable que Dieu me poussera infaillible-
ment vers le bien A, plutost que vers le bien B ; —
puisque le bien A approche plus du general de
tout bien et de tout être, que le bien B ; puisqu'il y
a plus de degrés de perfection dans l'un que dans
l'autre, — quoique cependant je ne sois invinciblement porté ni vers l'un ni vers l'autre, puisque
ni l'un ni l'autre n'est tout bien ni tout être, et
que l'impression que Dieu m'a donnée ne me
pousse invinciblement que vers ce qui est tout bien
et tout être. Mais si Dieu vient à me donner l'idée
de deux biens égaux, comme je ne suis porté invinciblement ni vers l'un ni vers l'autre, puisque ni
l'un ni l'autre n'est tout bien ni tout être, je sens
interieurement en moy-même qu'en consequence
de l'impression que j'ay pour aller vers tout bien
et tout être, Dieu me pourra faire hesiter dans le
choix de l'un ou de l'autre, sans me porter invinciblement ni vers l'un ni vers l'autre. Ainsi, je sens
bien que Dieu me laissera faire et choisir l'usage
de ma liberté ; et que par l'impression et le mouvement qu'il me donne vers tout bien et tout être,
j'aurois assez d'action pour choisir l'un et l'autre
de ces deux biens particuliers.

Cependant, tout ce que je viens d'avancer n'est pas sans quelque difficulté; car enfin, comment pourroi-je m'arrester en un bien particulier, moy qui ai du mouvement pour aller vers tout bien et tout être? Comment ne pas suivre tous ces mouvements? Et puis-je m'arrester a un bien particulier dans le temps que Dieu me porte vers tout bien et tout être. Mais ne sens-je pas, interieurement en moy-même, que, dans le temps que je m'arreste ainsi à un bien particulier, j'ay du mouvement pour aller plus loin, et que je ne suis pas invinciblement poussé vers le bien particulier, puisque le bien particulier n'est pas tout bien et tout être, et que je ne suis invinciblement poussé que vers tout bien et tout être?

Enfin, j'ay de la peine à comprendre comment moy, qui suis sans action et sans mouvement, je puis m'arrester a un bien particulier. Mais il suffit que je sente en moy-même que j'ay le pouvoir pour en être convaincû.

Cependant, quand Dieu m'a donné l'idée de deux biens particuliers, comme je ne suis invinciblement poussé ni vers l'un ni vers l'autre, je suis fort porté à croire que je ne puis choisir ni l'un ni l'autre, parce que, de moy-même, je ne puis rien, mais que je dois toûjours suivre le mouvement et l'impression que Dieu me donne vers tout bien et tout être, laquelle impression est invincible; car la même raison me persuade encore que je ne puis agir que lorsque je suis invinciblement poussé vers quelque bien particulier. Je n'en choisiray jamais aucun, parce qu'étant de moy-même sans action et sans mouvement, je ne puis rien de moy-même. Mais n'en dois-je pas croire le sentiment interieur, lequel est plus fort que tout le plus solide raisonnement du monde ? Et il suffit, pour me convaincre, que je puis hesiter dans le choix des biens particuliers, car nous n'avons point de plus fortes preuves que celles qui nous viennent par sentiment interieur. Ainsi, comme de ce que je sens en moy du froid, du chaud, du rouge et du verd, je ne puis pas nier que ce soit moy qui suis froid et chaud, rouge et verd ; je conclus fort bien que c'est moy, c'est à dire mon ame, qui est froide, chaude, etc., quelque peine que j'aye euë à m'en convaincre ; — de même, de ce que je sens en moy que je ne puis hesiter dans le choix de deux biens particuliers, quand ils sont egaux, je conclus fort bien que je suis libre, quelque raison que j'aye à me persuader le contraire.

FIN DE LA Xᵉ ET DERNIÈRE MÉDITATION

# CORRESPONDANCE

INÉDITE

ENTRE

# N. MALEBRANCHE,

PRÊTRE DE L'ORATOIRE,

ET

## J.-J. DORTOUS DE MAIRAN,

DEPUIS MEMBRE DE L'ACADÉMIE FRANÇAISE, ET SECRÉTAIRE PERPÉTUEL DE L'ACADÉMIE DES SCIENCES;

SUR LA PHILOSOPHIE DE SPINOSA.

# LETTRE I.

—

## DORTOUS DE MAIRAN

AU RÉVÉREND PÈRE

## MALEBRANCHE.

# I.

—

## DORTOUS DE MAIRAN

AU

### RÉVÉREND PÈRE MALEBRANCHE,

Béziers, ce 17 septembre 1713.

Mon Révérend Père,

Ce jeune homme qui faisoit ses exercices dans l'Académie de
Longpray, et que M. de Romainval, votre parent, menoit quelquefois chez vous; à qui vous aviez la bonté d'expliquer le livre
de M. de l'Hôpital, et de donner plusieurs autres instructions
de mathématique et de physique, est celui-là même aujourd'hui
qui a l'honneur de vous adresser cette lettre. Des matières plus
importantes, et qui vous tiennent certainement plus au cœur,
vont en faire le sujet, et c'est sur ce pied là qu'il se flatte que
vous voudrez bien encore lui accorder vos leçons. Voici, M. R. P.,
de quoi il s'agit.

Ayant passé, il y a un ou deux ans, des mathématiques et de
la physique à l'étude de la Religion, vos ouvrages, Descartes,
Pascal, et Labadie furent mes principaux conducteurs, et ache-

vèrent bientôt de me persuader ce qu'une bonne éducation et la lecture de l'Écriture sainte m'avoient fait aimer. J'ai joui de cette douce persuasion, sans qu'elle ait été troublée, ni par les arguments des incrédules, ni par le ris moqueur des gens du monde, jusqu'à ce que les œuvres de Spinosa, et surtout son *Éthique* ou sa philosophie, me tombèrent entre les mains. Le caractère de cet auteur, si différent de tout ce que j'avois vu jusqu'alors; la forme abstraite, concise et géométrique de son ouvrage, la rigidité de ses raisonnements, me parurent dignes d'attention. Je le lus donc attentivement, et il me frappa. Je l'ai relu depuis, je l'ai médité dans la solitude, et dans ce que vous appellez le silence des passions; mais plus je le lis, plus je le trouve solide et plein de bon sens. En un mot, je ne sais par où rompre la chaîne de ses démonstrations. Cependant le trouble que produit en moi ce bouleversement de mes premières et de mes plus chères idées m'a fait résoudre quelquefois à l'abandonner : j'ai voulu l'oublier; mais quand on est vivement touché du désir de connoître la vérité, peut-on oublier ce qui a paru évident? D'un côté, je ne puis envisager sans compassion pour l'humanité, et sans tristesse, les conséquences qui suivent de ses principes; de l'autre, je ne puis résister à des démonstrations. C'est, M. R. P., pour sortir d'un état si fâcheux que j'ai l'honneur de vous écrire. Développez-moi, de grace, les paralogismes de cet auteur, ou, ce qui suffit, marquez-moi le premier pas qui l'a conduit au précipice, s'il est vrai, comme je veux le croire, qu'il y soit tombé; et marquez le moi, je vous prie, succinctement, et à la manière des géomètres. C'est la méthode qu'il a adoptée, et la moins propre à couvrir l'erreur; attaquons-le dans son fort, et avec ses propres armes. J'ai vu les prétendues réfutations qu'on en a données : elles ne font que blanchir contre lui; on ne l'entend point, et il est clair qu'on ne s'est pas donné la peine de l'entendre, ou qu'on ne l'a pu, faute d'y avoir apporté assez de précision, d'équité et de sang froid. On y confond, pour l'ordinaire, les abstraits qui n'existent que dans notre esprit, avec les êtres actuels qui en renferment l'idée; et l'on y substitue sans cesse les intérêts particuliers de l'homme ou ses désirs, aux loix générales et immuables de la nature. C'est, M. R. P., ce que je n'ai point à craindre avec vous. Je connois trop la grandeur de votre génie,

et la justesse de votre esprit. J'espère aussi que vous ne m'ex-
poserez point au préjugé qui pourroit naître de votre silence,
ou d'une réponse vague. J'attends tout de vos bontés pour moi
et de votre zèle pour la cause ; ma reconnoissance sera propor-
tionnée au bienfait.

Il seroit inutile d'ajouter que cette lettre et celles qui pourroient la suivre, ne seront lues que de vous, et que vous en
effacerez la signature et mon adresse, après en avoir pris la
note. A l'égard de celles dont vous voudrez bien m'honorer,
j'exécuterai ponctuellement les ordres que vous me donnerez
à ce sujet.


Je suis avec la plus parfaite vénération,


MON RÉVÉREND PÈRE, etc.

# LETTRE II.

—

## LE PÈRE

# MALEBRANCHE

### A

## DORTOUS DE MAIRAN.

# II.

—

LE PÈRE

# MALEBRANCHE

A

DORTOUS DE MAIRAN.

— —

Monsieur,

Je suis maintenant a la campagne, et je n'ay point le livre dont vous me parlez. J'en ai lû autrefois une partie, mais j'en fus bien-tost degouté, non seulement par les consequences qui font horreur, mais encore par le faux des pretendues demonstrations de l'auteur. Il donne, par exemple, une definition de Dieu qu'on lui pouroit passer en la prenant dans un sens ; mais il la prend dans un autre dont l conclut son erreur fondamentale, ou plutost dans un sens qui renferme cette erreur ; de sorte qu'il

suppose ce qu'il doit prouver. Prenez la peine,
Monsieur, de relire les definitions, etc., qu'il cite
dans ses demonstrations, et vous decouvrirez, si je
ne me trompe, l'equivoque qui fait qu'il ne prouve
pas. Pour moi, bien loin de trouver, en lisant son
livre, la clarté que demande toute demonstration,
je le trouve fort obscur et plein d'equivoques.

La principale cause des erreurs de cet auteur
vient, ce me semble, de ce qu'il prend les idees des
creatures pour les creatures memes, les idées des
corps pour les corps, et qu'il suppose qu'on les voit
en eux mêmes : erreur grossiere comme vous scavez.
Car, etant convaincu interieurement que l'idée de
l'etendue est eternelle, necessaire, infinie ; et supposant, d'ailleurs, la creation impossible, il prend
pour le monde ou l'etendue creée le monde intelligible qui est l'objet immediat de l'esprit. Ainsi, il
confond Dieu ou la souveraine Raison qui renferme
les idees qui eclairent nos esprits, avec l'ouvrage
que les idees representent. Je ne puis pas, icy,
m'expliquer plus au long, car il n'est pas possible,
sans perdre beaucoup de tems, et je n'en ai gueres
et la main me tremble, de philosopher par lettres,
sur-tout lorsque les matieres sont abstraites : en
presence meme, on en dispute souvent assez longtemps sans s'entendre. Quoique je n'aye point écrit
*ex professo* contre l'auteur, vous pouriez peut etre
trouver quelque eclaircissement sur vos difficultez

dans un *Entretien entre un philosophe chretien et un chinois* que je fis il y a 2 ou 3 ans, qui est de la nature et de l'existence de Dieu. Mais, Monsieur, à l'égard de l'auteur, il suffit de reconnoitre qu'il suit de ses principes une infinité de contradictions et de sentimens impies, pour se defier de ses pretendues demonstrations, quand meme elles nous paroitroient convaincantes. Il se peut faire qu'on l'ait mal refuté; mais il ne s'ensuit pas de la qu'il ait raison. Je n'ai point là les refutations qu'on a faites de ses erreurs, car je n'en ai pas eu besoin; ainsi, je n'en peux pas juger. J'ai fait ce que vous m'ordonnez à la fin de votre lettre, et je suis avec respect,

Monsieur,

Votre tres humble et tres

Ce 29 septembre (1713). obeissant serviteur,

**MALEBRANCHE P. D. L. O.**

(*Au dos est écrit*)

A Monsieur,
Monsieur de Mairan,
 a Beziers.
(Languedoc.)

(Le cachet est de cire sans lacs de soie, et présente un chiffre composé des lettres N et M entrecroisées, gravées très superficiellement, et surmontées de fleurons.

Les cachets en chiffre étaient fort usités sous les rois Louis XIII et Louis XIV, indépendamment des cachets armoriés. Quant au mode de fermeture des lettres, il a beaucoup varié, suivant les époques. Au seizième siècle et dans les premières années du dix-septième, on avait en général l'usage de plier plusieurs fois les lettres en travers, puis en hauteur ; on en perçait le bord d'une ou de plusieurs ouvertures, pour y passer et repasser à différentes reprises une queue de papier, et l'on scellait définitivement cette queue d'un cachet de pâte, ou de cire à modeler, ou de cire d'Espagne. C'est ainsi que se fermaient les lettres closes ou de cachet, et que se ferment encore aujourd'hui les lettres closes royales de grand office. On adopta ensuite les lacs de soie fixés avec cachets de cire d'Espagne ; mais c'était là une coutume de gens de cour : les savants et gens de lettres fermaient en général plus simplement, à peu près comme on ferme aujourd'hui, à rebords entrant l'un dans l'autre. L'emploi des enveloppes était rare. De nos jours, la fermeture des lettres avec lacs de soie est encore usitée pour les rapports de cabinets, de souverain à souverain. La soie est de la couleur du principal émail de l'écu. Il est d'azur pour la France, de gueules pour l'Angleterre, etc.)

# LETTRE III.

## DORTOUS DE MAIRAN

AU R. P.

# MALEBRANCHE.

# III.

—

DORTOUS DE MAIRAN

AU

RÉVÉREND PÈRE **MALEBRANCHE**.

Le 9 novembre 1713.

M. R. P., j'ai reçu votre lettre du 29 septembre ; je suis infiniment sensible à l'honneur et à la grâce que vous m'avez faite ; j'en connois tout le prix, et je tâcherai de m'en rendre digne par mes soins, par ma docilité et par ma reconnoissance. Quoique vous n'ayez pu répondre positivement à ce que je demandois, et m'indiquer le paralogisme, parce que vous n'aviez pas à la campagne l'auteur dont il s'agit, vous ne laissez pas de faire, sur son système, des observations très importantes. Je dois vous dire, cependant, avec la même sincérité que je vous ai exposé mes doutes, qu'après avoir fait l'application de vos remarques sur cet auteur, je n'ai point trouvé qu'elles fussent capables d'en détruire les démonstrations. Je sais qu'il est difficile de philosopher par lettres, et je comprends, M. R. P., qu'il y a de l'indiscrétion de ma part à vous y engager ; mais j'espère que vos lumières pourront suppléer à cet inconvénient, et que votre zèle pour la religion vous le fera supporter. Si mes affaires me permettoient d'aller à Paris, je ferois volontiers ce voyage pour avoir l'honneur de conférer avec vous; mais il m'est, à présent, tout à fait impossible. Souffrez donc, je vous prie, que je continue de m'adresser à vous par lettre; et, lorsque vous serez à Paris, ne me refusez point de m'indiquer le paralogisme que je désire avec tant d'ardeur de découvrir. Cela peut, ce me semble, aisément entrer dans une lettre, et j'ose vous dire que la chose n'est pas indigne de votre attention. J'ai déjà écrit pour avoir votre *Entretien entre un philosophe chrétien et un Chinois*. En attendant, voici les remarques que je fais sur les observations générales que vous m'avez envoyées.

1° Vous me marquez, M. R. P., que vous avez *lu autrefois une partie du livre de cet auteur, mais que vous en fûtes bientôt dégoûté, non seulement par les conséquences qui font horreur, mais encore par le faux de ses prétendues démonstrations*. Vous ajoutez ensuite, à la fin de votre lettre, *qu'il suffit de reconnoître qu'il suit de ses principes une infinité de contradictions et de sentiments impies, pour se défier de ses prétendues démonstrations, quand même elles nous paroîtroient convaincantes*.

Je goûte extrêmement cette réflexion, et j'ai toujours été très disposé à me défier des démonstrations de cet auteur, et à les examiner avec toute la sévérité et la rigueur possibles, non seulement à cause des conséquences dont vous parlez, mais aussi à cause des contradictions que je crus, comme vous, y voir, à la première lecture que j'en fis. J'en aurois sans doute été dégoûté de même, et je n'y aurois peut être plus pensé de ma vie, si des circonstances qu'il seroit inutile de vous dire ne m'avoient engagé à travailler à le réfuter. Mais les réflexions que je fus obligé de faire alors m'ayant fait trouver que ce que j'avois pris d'abord pour des contradictions ne l'étoient qu'en apparence, et qu'au contraire rien n'étoit plus solide ni mieux lié que ses principes, je n'ai pas cru que l'horreur qui me restoit pour certaines conséquences dût absolument me les faire rejeter. Car il me semble que l'horreur et tous les autres mouvements de cette nature ne partent que d'un préjugé bon ou mauvais, et ne renferment que des notions très confuses qui ne

sauroient entrer en parallèle avec l'évidence d'une démonstration. Quelquefois, ils garantissent les hommes de l'erreur;
quelquefois aussi, et peut-être plus souvent, ils les y entraînent ou les y maintiennent; ainsi, je ne pense pas qu'un philosophe doive beaucoup y avoir égard dans la recherche de la
vérité, à moins que la certitude des opinions qui les font naître
ne précède. Il me semble, M. R. P., qu'on peut appliquer à
ces agitations de l'ame ce que vous dites dans un de vos éclaircissements (1) *du penchant extrême que nous avons à
croire qu'il y a des corps qui nous environnent. Ce penchant*, dites-vous, *tout naturel qu'il est, ne nous force
point* (à croire) *par évidence; il nous y incline seulement
par impression; or, nous ne devons suivre dans nos jugements libres que la lumière et l'évidence; et si nous nous
laissons conduire à l'impression sensible, nous nous
tromperons presque toujours.* Il m'a donc paru que c'étoit
faire assez pour ces mouvements ou pour ma tranquillité, que
d'apporter à l'examen de l'auteur toute la bonne foi, toute l'attention et toute la sévérité dont je suis capable, et surtout de
consulter, sur ce sujet, les personnes du monde que je crois les
plus éclairées.

2° Vous citez, M. R. P., pour exemple *du faux de ses prétendues démonstrations*, la définition qu'il donne de Dieu,
*qu'on lui pourroit passer en la prenant dans un sens;
mais il la prend*, dites-vous, *dans un autre dont il conclut son erreur fondamentale, ou plutôt dans un sens qui
renferme cette erreur, de sorte qu'il suppose ce qu'il doit
prouver*, et là dessus vous me marquez *de relire les définitions, etc., qu'il cite dans ses démonstrations*, pour découvrir *l'équivoque qui fait qu'il ne prouve pas.*

Mais, M. R. P., après avoir suivi votre conseil, j'ai trouvé,
comme auparavant, que rien n'est plus juste que l'application
que cet auteur fait de ses définitions et de ses axiômes. La définition de Dieu dont vous parlez n'est citée qu'à la 11ᵉ proposition où il s'agit de prouver que Dieu existe; il le démontre
de trois manières, et entre autres de la manière qu'a fait Descartes, et comme vous faites dans la Recherche de la vérité (2);

____

(1) Recherche de la vérité, tome 3, éclaire. 6, p.63.

(2) Livre 4, chap. II.

savoir de ce que l'existence nécessaire est renfermée dans la
définition ou dans l'idée de Dieu ; et s'il y eût jamais définition
qui eût cette qualité, c'est assurément la sienne. Or, il suffit, ce
me semble, pour la validité de la démonstration que la définition puisse recevoir un sens dont tout le monde convienne,
c'est à dire qu'elle réveille non l'idée particulière du Dieu de
la Religion, mais en général l'idée de l'Être sans restriction, de
l'Être par soi, que tout le monde appelle Dieu. Si l'auteur con-
cluoit de là seulement son dogme fondamental, j'avoue qu'il
tomberoit dans une pétition de principe tout à fait ridicule ;
mais je prends garde que la 11ᵉ proposition est précédée
par d'autres propositions qui la déterminent absolument en
faveur de ce dogme fondamental. Ces propositions qui sont de
la dernière importance, par exemple, qu'il n'y sauroit avoir
deux substances de même nature ; que toute substance est nécessaire, infinie, indivisible, etc.; que chaque attribut de la
substance doit être conçu par soi; que plus une chose a de
réalité ou d'être, plus on peut affirmer d'attributs de cette
chose et semblables. Ces propositions, dis-je, ne dépendent, en
aucune manière, de la définition de Dieu ; et, ainsi, elles peuvent
servir à en fixer le sens sans qu'on s'éloigne de l'exactitude géométrique. Les propositions 12, 13, 14 et 15 qui suivent, font encore
le même effet, car ce ne sont que des extensions de la 11ᵉ, des
explications et des récapitulations de tout ce qui précède : sans
parler des scolies, et des corollaires qui ne laissent plus la
moindre obscurité, ni la moindre équivoque dans cette matière.

J'avoue qu'on n'aperçoit pas cette liaison de principes d'une
première vue; qu'en général le système de l'auteur est difficile
à entendre, quand on n'est pas fait à sa méthode ; que sa méthode est sévère et abstraite; qu'elle demande une grande attention, et beaucoup d'habitude à la justesse ; mais qu'importe
pourvu qu'on puisse enfin parvenir à l'entendre ? Le sujet en
vaut la peine. Les mêmes difficultés, quoiqu'en un genre différent, se trouvoient dans la nouvelle géométrie de l'infini et
dans le système du calcul différentiel. Le fameux livre de
M. le marquis de l'Hôpital, qui en contient les principes et l'ana-
lyse, ne fut d'abord entendu en France que d'un très petit nombre de géomètres; plusieurs écrivirent contre, ou négligèrent
de l'approfondir sur les prétendues absurdités qu'il leur sembla

renfermer, et vous savez, M. R. P., qu'il n'y a pas longtemps qu'un des membres de l'Académie des sciences, quoique grand géomètre et grand calculateur, ne pouvoit encore se résoudre à y souscrire, et qu'il n'y souscrira peut-être jamais. Cependant, les difficultés s'évanouissent et le système demeure victorieux. Je ne croirai pas impossible que la même chose n'arrive à celui de notre auteur, jusqu'à ce qu'on m'en ait montré bien précisément le paralogisme. Mais je me trompe, la géométrie nous laisse dans toute notre froideur, et il s'agit ici d'une matière qui intéresse tout l'homme, qui trouve dans son cœur des barrières presque insurmontables, et qui ne pourra jamais laisser que difficilement à l'esprit, et à un très petit nombre d'esprits, la liberté et la tranquillité nécessaires pour juger.

3° Vous remarquez, M. R. P., que *la principale cause des erreurs de cet auteur vient de ce qu'il prend les idées des créatures pour les créatures mêmes, erreur grossière. Car l'idée de l'étendue est éternelle, nécessaire, infinie; et supposant d'ailleurs la création impossible, il prend pour le monde ou l'étendue créée le monde inintelligible qui est l'objet immédiat de l'esprit, et qu'ainsi il confond Dieu ou la souveraine Raison qui renferme les idées qui éclairent nos esprits, avec l'ouvrage que les idées représentent.*

Il ne s'agit que de me faire voir en quels endroits l'auteur est tombé dans ces manquements; pour moi, je n'ai rien aperçu de pareil : au contraire, je ne vois aucun système duquel suive plus immédiatement la distinction des idées d'avec leur objet, et duquel on puisse mieux conclure cette vérité que vous avez mise dans un si beau jour : que tout ce que nous voyons, nous le voyons en Dieu. Car, selon lui, Dieu renferme, en tant que pensant, toutes les idées ou toutes les modifications de la pensée; comme, en tant qu'étendue, il renferme toutes celles de l'étendue. Pour ce qui regarde la création, que vous dites qu'il suppose impossible, si vous entendez par là l'action par laquelle des nouvelles substances sont produites, il n'y a qu'à ouvrir son livre pour voir qu'il ne s'est pas contenté d'une simple supposition, et qu'il en démontre l'impossibilité avec la dernière évidence. Mais qu'il me soit permis, M. R. P., de vous faire, ici, un aveu sincère, et, si je l'ose dire, une entière confession de mes pensées. Je ne trouve point, dans vos ouvrages, de définition ni d'explication qui me donne une idée juste de ce qu'il faut entendre par votre *étendue créée ou matérielle* et par celle que vous appelez *intelligible*. Je n'y vois pas aussi si l'étendue intelligible est la même que l'étendue substance dont les corps sont les modifications, ou si elle ne l'est pas. Il semble quelquefois que par cette dernière vous entendez l'étendue créée que vous expliquez par les noms de matière, d'extension locale, etc., et que, par la première, vous entendez tantôt ce qu'il faudroit entendre par la seconde dans la signification la plus naturelle, et tantôt le concept général d'étendue qui est *l'archetype* de toutes les idées des corps créés; ou enfin quelque autre chose que je ne sais si c'est substance, ou attribut, ou mode qui n'est pas l'immensité divine, mais qui pourtant est en Dieu. (1ᵉʳ *Entret. métaph.* n° 5 et 10; Entret. II, n° 1; Entret. VIII., n° 4 et 8; *Médit.* IX, n° 9 et 10, etc.) Dans tous ces endroits, ce que vous appelez *étendue créée* ou *matérielle* et dont vous parlez comme d'une substance, n'est véritablement que les simples modes ou affections de la substance étendue; et c'est en ce sens que l'étendue créée est à la vraie étendue, à l'étendue proprement dite en tant que substance, ou attribut, comme le temps est à l'éternité et comme les idées sont à la pensée; — comparaison répétée une infinité de fois dans l'auteur, et par laquelle il ne prétend dire autre chose que ce que vous avez dit, que *l'étendue créée est à l'immensité divine ce que le temps est à l'éternité*, et que *tous les corps sont étendus dans l'immensité de Dieu, comme tous les temps se succèdent dans l'éternité*.

Je ne crois pas, M. R. P., que vous ne conveniez que tous les corps, la matière, et tout l'univers, en tant qu'on l'imagine ou qu'on croit l'apercevoir par les sens; en un mot, en tant que ces corps sont tels et tels corps, ils ne soient des modes et des affections de l'étendue, et non des substances; car il n'y a rien en eux de permanent que l'étendue sans laquelle ils ne peuvent être conçus; et c'est à eux seulement qu'appartient, en tant que mode, l'extension locale qui ne peut jamais appartenir à l'étendue non modifiée. Mais cela posé, il suit que ce que vous qualifiez d'*étendue créée* n'est proprement que la modification de l'étendue, et que ce que vous appelez *étendue intelligible*, de la manière dont vous l'expliquez le plus souvent, se confond absolument avec l'*étendue* substance ou attribut dont tous les corps, la matière et tout l'univers, ne sont que les modifications. Il est, du moins, certain qu'on trouve dans celle-ci tout ce que vous attribuez à l'autre ; et il ne faut, pour s'en apercevoir, que rentrer en soi-même, faire taire son imagination, et considérer cette étendue indépendamment de tout mode ou affection ; car, dès lors, elle est, en tant que substance ou attribut de substance, l'objet de l'*entendement* pur, et elle ne peut être apperçue que par lui ; et si l'on fait attention à ce que renferme l'idée qui nous la représente, on y trouvera, comme l'auteur l'a démontré, l'existence objective, l'infinité, l'indivisibilité, etc., c'est à dire que cette étendue, en tant que substance ou attribut de substance, ne peut être conçue qu'existante, infinie, indivisible, etc. Donc, selon le grand axiôme de métaphysique, que *l'on peut assurer d'une chose ce que l'on conçoit clairement être renfermé dans l'idée qui la représente* (Recherche de la vérité), je puis affirmer que l'étendue substance ou attribut dont tous les corps de l'univers ne sont que les modes, existe nécessairement en elle-même, hors de l'esprit et indépendamment de notre perception ; qu'elle est infinie, indivisible, etc. D'ailleurs, M. R. P., je trouve, dans votre deuxième Entretien Métaph., n° 12, qu'Ariste ayant demandé (1) : *Quoi ! l'idée de l'étendue à laquelle je pense n'est pas différente de celle de cette étendue que je vois, que je presse du pied, et qui me résiste ?* Théodore répond : *Non, Ariste, il n'y a point de deux sortes d'étendue ni de deux sortes d'idées qui les représentent ; et si cette étendue à laquelle vous pensez vous touchoit, ou modifioit votre ame par quelque sentiment, d'intelligible qu'elle est, elle vous paroîtroit sensible ; elle vous paroîtroit dure, colorée, et peut-être douloureuse..*—Où il est clair que votre *étendue intelligible* n'est autre chose que l'étendue substance dont l'*étendue créée ou matérielle*, c'est à dire les corps, la couleur, la dureté, etc., en tant qu'elles affectent nos sens et notre imagination, ne sont que les simples modes.

Il est vrai que, dès qu'on a réduit *l'étendue créée ou matérielle* et *l'étendue intelligible* à ces notions claires et exactes

_________

(1) Voyez ma lettre IV.

de substance et de mode, d'étendue sans restriction, et d'affections de l'étendue, on en voit naître plusieurs conséquences embarrassantes pour le système théologique. Car cette étendue, ou elle est en Dieu et constitue son essence comme attribut, ou elle n'est pas en Dieu. Si elle est en Dieu, donc tout l'univers et tous les corps ne sont que des modifications de l'un des attributs divins, ou ne sont que Dieu modifié de telle et telle manière en tant qu'étendue; ce qui est la pure doctrine de l'auteur. Si l'étendue n'appartient pas à Dieu, donc il y a quelque chose qui n'est pas Dieu et qui ne constitue pas son essence; qui existe nécessairement; qui est infini, éternel, indivisible, etc.

Ainsi, il semble, permettez-moi de le dire, que la distinction *d'étendue créée* et *d'étendue intelligible* n'ait été imaginée que pour couvrir ces difficultés et pour expliquer, à la faveur des équivoques qu'elle renferme, des choses tout à fait inexplicables par le système ordinaire, tandis que les simples termes d'étendue et de modifications de l'étendue, tels que les emploie notre auteur, ne présentent à l'esprit que des idées claires et distinctes.

Je me flatte, M. R. P., que vous me pardonnerez la franchise, ou plutôt la témérité, avec laquelle j'ose vous parler. Ce que j'en fais n'est que pour vous convaincre que, dans la situation d'esprit où je suis, il n'est rien qui puisse m'être plus utile, ni qui soit plus expéditif, que de m'indiquer positivement le paralogisme de l'auteur, qui sera sans doute la source de toutes les erreurs que vous lui attribuez. Je crois qu'il faudra tôt ou tard en venir là; car il raisonne de manière qu'il semble qu'on ne doive pas songer à ébranler son dogme fondamental avant que d'avoir renversé les propositions sur lesquelles il l'appuie, et où, même indépendamment de ce dogme, il fait déjà bien du chemin. Vous me dépeignez ce livre dans votre lettre comme un livre méprisable, irrégulier, *obscur, plein d'équivoques,* qui n'a pu mériter que vous achevassiez de le lire; j'avoue que j'en avois une autre idée, et il semble même que vous le caractérisez tout autrement dans vos ouvrages... « *Plus on raisonne juste,* dites-vous, en parlant de cet auteur même, Médit. 9ᵉ, *plus on s'égare lorsqu'on suit un faux principe. Un homme qui raisonne mal peut se redresser et reprendre par hasard et par préjugé, les routes communes; mais un homme exact et téméraire suit constamment l'erreur, etc.* » Vous convenez donc qu'il est exact; et, en effet, il seroit difficile de trouver nulle part une exactitude et une justesse plus sévères. Quant à sa témérité, c'est ce qui est en question.

Quoi qu'il en soit, M. R. P., j'ose attendre que, de retour à Paris, vous ne dédaignerez pas de donner quelque heure de votre loisir à marquer la première démarche qui a conduit cet auteur dans le précipice, et que vous voudrez bien me faire l'honneur de m'écrire positivement, et non d'une manière vague, où elle est, et en quoi elle consiste. Ce que vous ferez en ma faveur, je le ferai peut-être, quelque jour, pour d'autres personnes qui se trouveront dans un semblable cas. Ainsi, vous travaillerez par là, directement et indirectement, pour la gloire de Dieu et pour le salut de votre prochain; en quoi je suis bien persuadé que vous ne vous écarterez pas de votre occupation ordinaire.

Je suis, avec un très profond respect, etc.

*Signé* D. de M.

Remise à la poste
le 9ᵉ novembre 1713.

# LETTRE IV.

—

LE PÈRE

# MALEBRANCHE

A

## DORTOUS DE MAIRAN.

# IV.

—

LE PÈRE

## MALEBRANCHE

A

DORTOUS DE MAIRAN.

Monsieur,

J'ai reçû, il y a environ un mois, la seconde lettre que vous m'avez fait l'honneur de m'ecrire. Je
relus, dabord, quelques endroits de l'auteur pour
vous faire promtement reponse. Mais, ayant ou-
blié votre adresse et cherché inutilement le papier
ou elle etoit marquée, je quittai tout. Depuis ce
tems là, j'ai eté et suis encore incommodé d'un
rhume fort facheux et d'une difficulté de respirer,
et, qui pis est, on croit que je suis obligé de repondre à un livre qui attaque mes sentimens sur
la Grace, et qui fait beaucoup de bruit. Tout cela
est cause que je ne puis repondre qu'en peu de
mots a votre lettre, ni examiner en detail les prétendues démonstrations de l'auteur. J'ai eu l'honneur de vous ecrire, Monsieur, que la principale

cause de ses erreurs etoit qu'il confondoit les idees
qui sont eternelles, immuables, necessaires, avec
les objets dont elles sont les archetypes; et puisque
vous avez le petit Entretien d'un philosophe chinois,
etc., j'espère qu'il vous eclaircira ma raison.

Selon la 3ᵉ definition de l'auteur commune aux
philosophes, ce qu'on peut concevoir seul est une
substance; et une modification, c'est ce qu'on ne
peut concevoir sans la substance dont elle est la
modification. Or, je puis concevoir, imaginer, sentir seul un pied cube d'etendue, sans penser à autre chose; donc, cette etendue est la substance, et
sa figure cubique en est la modification. Ce pied
cube est bien une partie d'une plus grande etendue; mais il n'en est pas la modification. Il en est
de meme des nombres et nombrans et nombrez.
2 n'est pas une modification de 4, mais la moitié;
ni deux pistoles, la modification de quatre pistoles,
selon sa 3ᵉ définition; car je puis penser à deux sans
penser à quatre. Cela est evident.

L'auteur ne prouve donc point qu'il n'y a qu'une
substance. Il prouve seulement qu'il n'y a qu'une
souveraine raison qui renferme les idees de tous
les etres possibles; et il ne prouve nullement que
cette raison qui l'eclaire soit l'univers, et que le
ciel, la terre, les hommes et lui-même soient des
modifications de cette raison. Et s'il peut nier qu'il
y ait des corps créez ou des substances etendues qui

repondent a l'idée qu'il en a, certainement il ne peut nier qu'il existe et qu'il ny ait d'autres hommes. En un mot, il ne prouve nullement qu'il ny a qu'une substance, mais seulement qu'il n'y a qu'un Dieu ou qu'une souveraine Raison, qui renferme toutes les idees qui agissent immediatement sur l'esprit de l'homme. Il faudroit, Monsieur, être en presence pour pouvoir s'accorder sur des questions abstraites et se mettre promtement l'un et l'autre au fait; et quelque fois meme, quoique en presence, cela est assez difficile. Ainsi, je vous prie de recevoir mes excuses de ce que je vous faits une si courte reponse. Ayant autant d'esprit que je le reconnois dans votre lettre, vous n'avez besoin de personne pour decouvrir le faux des raisonnemens de l'auteur.

Je suis, Monsieur, avec bien du respect,

Votre tres humble,<br>
et tres obeissant serviteur.

MALEBRANCHE.<br>
Pere de l'Oratoire.

A Paris, ce 5 décembre (1713).

(*Au dos est écrit:*)

A Monsieur<br>
Monsieur de Mairan<br>
a Beziers.

(Le cachet de cette lettre est aux armes de la famille de Malebranche, qui était noble. Elle portait d'or à une bande d'azur, accompagnée de deux lions de sinople posés dans le sens de la bande. L'écu surmonté d'un casque ouvert, placé de face.)

# LETTRE V.

—

## DORTOUS DE MAIRAN

AU R. P.

# MALEBRANCHE.

# V.

—

DORTOUS DE MAIRAN

AU

RÉVÉREND PÈRE **MALEBRANCHE**.

Le 6 may 1714.

M. R. P.,

Dans la dernière lettre que vous me fîtes l'honneur de m'écrire, il y a cinq à six mois, vous me marquiez votre indisposition et les occupations qui vous étoient survenues, au sujet du nouveau livre qui attaque votre système sur la grâce. Vous me faisiez aussi entendre l'extrême difficulté qu'il y a de se mettre au fait, même en présence, sur des matières semblables à celles dont il s'agissoit dans nos lettres. Ainsi, il semble que c'est une indiscrétion de ma part d'oser encore vous en écrire. Mais outre l'impatience que j'ai d'apprendre l'état de votre santé à laquelle je m'intéresse infiniment, et le temps que j'ai laissé écouler depuis votre lettre, je me flatte que vous ne désapprouverez pas le parti que je prends de vous parler, pour une dernière fois, de l'auteur en question, et qu'un génie

supérieur comme vous, sera au dessus de cette petite irrégula-
rité. Si je pouvois me donner pour quelque autre la confiance
que j'ai pour vous, mon révérend père, peut être que, malgré
mon penchant, je m'adresserois à lui pour ne pas abuser de
votre bonté. Mais vous savez, et vous n'êtes pas à vous en
plaindre, combien peu de gens pensent juste sur les matières
abstraites, et combien, s'il m'est permis de le dire, la pure raison est une contrée inconnue, inculte et déserte. Ne soyez pas
surpris que je m'obstine à vouloir y lier quelque commerce
avec l'homme du monde qui la connoit le mieux, et qui y a le
plus de crédit ; j'en userai avec discrétion.

Il seroit absolument inutile, M. R. P., d'insister davantage, à
l'avenir, sur notre auteur, sur ses erreurs et sur ses contradictions, à moins que vous ne me marquiez précisement, et à la
manière des géomètres, l'endroit de son premier paralogisme,
et en quoi il consiste. Il me semble que je suis fondé à le demander. C'est la voie la plus courte, la plus facile, la plus conforme au bon sens et la moins captieuse. Tout système réduit à
la forme géométrique en est d'autant plus solidement établi,
s'il est véritable ; au contraire, il est d'autant plus aisé à renverser, s'il n'est appuyé que sur de fausses suppositions. Ce qui
auroit fait sa force fait alors sa foiblesse ; c'est une espèce d'é-
difice qui croule dès qu'on ébranle une seule des pierres de son
fondement. Où est donc la difficulté de combattre notre auteur
avec les armes qu'il nous fournit lui-même ? Il ne faudroit pour
cela qu'un quart d'heure de lecture. Car, dès la cinquième, la
sixième et la huitième de ses propositions, il établit des principes qui sont incompatibles avec la doctrine reçue. Quel charme,
quel enchantement a-t-il répandu sur ces propositions, et sur
une demi-douzaine de définitions, et autant d'axiômes, qu'on
ne puisse dire : Voilà son premier faux pas, voilà le paralogisme : il consiste en tel abus, en telle équivoque ? Je vous
avoue, mon révérend père, que je ne puis comprendre comment, depuis le temps que vous faites servir avec tant de force
et de justesse les connoissances métaphysiques aux vérités de la
religion, vous avez pu, ou ne compter pour rien l'auteur dont
il s'agit, ou, le comptant pour quelque chose, ce qu'il mérite
bien assurément, ne pas le réfuter de la seule manière qui pouvoit désabuser les gens qui croient l'entendre. Car enfin les ob-

jections vagues, les inductions ne détruisent pas, parmi les
géomètres, un système régulier et géométrique. Si je n'étois autant en garde que je le suis contre les préjugés, j'aurois quelquefois de la peine à me défendre de celui que vos ouvrages et
vos lettres font naître tour à tour dans mon esprit. D'un côté,
je ne puis voir tant de pénétration et de lumières, tant de justesse d'esprit et tant de droiture de cœur, et n'être pas tenté de
croire, sans autre examen, que ce que vous condamnez comme
faux, ne sauroit éviter de l'être. De l'autre, je ne saurois songer
aux instances que je vous fais inutilement, depuis près d'une
année, de me montrer, en rigueur géométrique, le paralogisme
d'un système que l'intérêt public et particulier vous engagent
de détruire, sans être un peu porté à croire qu'il faut qu'il soit
invincible de front, puisque vous ne jugez à propos de le combattre qu'indirectement. Mais aucun de ces motifs ne me dé-
terminera jamais à le rejetter ou à l'admettre; l'un et l'autre
seroient également opposés à vos sages maximes. Je suis résolu de
les suivre, et de ne me rendre qu'à l'évidence toute pure. Pour
cela, j'ai tâché d'appliquer à la méthode de l'auteur ce que vous
ne m'avez dit dans vos lettres que d'une manière générale ; j'ai
rassemblé toutes les observations et tous les secours que je
pouvois tirer de vos ouvrages sur ce sujet, et surtout de l'Entretien du philosophe chrétien avec le philosophe chinois que
vous m'aviez indiqué. Mais, quelque attention que j'y aie ap-
portée, je n'ai pas trouvé que vos objections fussent capables
de renverser les démonstrations de l'auteur. Souffrez, s'il vous
plait, M. R. P., que je vous en dise les raisons et que je tâche de
justifier ma résistance. Vous me marquez, dans votre dernière
lettre, ce que vous m'aviez déjà fait l'honneur de m'écrire dans
la précédente, que *la principale cause des erreurs de l'auteur étoit qu'il confondoit les idées qui sont éternelles, immuables et nécessaires avec les objets dont elles sont les
archetypes.* Mais j'avois répondu à cela, en vous demandant la
grace de me montrer en quel endroit et comment il étoit tombé
dans cette faute.

Vous ajoutez une ou deux objections contre son unité de
substance, qui semblent tomber sur l'onzième ou quatorzième
proposition ; mais dont la solution et le dénouement ne dépendent, en effet, que de la cinquième ou plutôt de la qua-

trième. Votre objection est prise du pied cube d'étendue, qui est bien une partie d'une plus grande étendue; mais qui n'en est pas la modification; de même que, dans les nombres, 2 est bien la moitié de 4 pistoles et non leur modification; parce qu'on peut, dites-vous, penser au pied cubique d'étendue sans penser à autre chose; à 2 pistoles sans penser à 4 pistoles; d'où vous concluez que ce sont tout autant de substances, et partant, etc. Il faut donc tâcher d'éclaircir cette quatrième proposition dont il me semble que dépend la solution de la difficulté.

L'auteur y prouve, d'une manière concise et métaphysique, que deux ou plusieurs choses distinctes ne sauroient être distinguées entre elles que par la diversité de leurs attributs ou par celle de leurs modifications; et il se fondoit sur ce que tout ce qui est, est en soi ou en une autre substance ou mode. Là-dessus, on objecte qu'il *confond la diversité avec la distinction;* que des substances de même attribut ou de même essence peuvent être distinctes sans être diverses, et cela par leur propre être, par leur nombre, et en ce que l'être de l'une n'est pas l'être de l'autre; et on demande si *Dieu ne pourroit pas produire deux perles si semblables, que non seulement les hommes n'y pourront découvrir nulle différence, mais même qu'il n'y en aura aucune, ni dans leur essence, ni dans leurs accidents?*

C'est ainsi que le R. P. *Lami* attaque cette proposition dans sa réfutation, prétendue géométrique, du système dont il s'agit; et c'est aussi la manière dont elle est combattue par la plupart des gens qui ne sont ni assez métaphysiciens, ni assez en garde contre les illusions de l'imagination. Il me seroit très inutile de coucher, ici, par écrit, tout ce qu'il faudroit leur répondre pour les mettre au fait; et il me suffira avec vous, M. R. P., d'énoncer les principes sur lesquels je crois que la proposition et la démonstration de l'auteur sont appuyées.

1° Quand on parle de distinction en métaphysique, cela se doit presque toujours entendre de celle qu'on appelle réelle, c'est à dire de celle qui consiste dans ce que l'esprit aperçoit en deux ou plusieurs choses, qui fait que l'une peut être conçue et exister indépendamment de l'autre. Ainsi, un auteur tel que le nôtre, qui écrit d'une manière courte et savante, n'est pas obligé d'avertir ses lecteurs, dans des propositions semblables à celle dont il s'agit ici, qu'il ne parle pas de la diversité, mais seulement de la distinction proprement dite.

2° L'être ou l'existence des substances n'est distinguée de leur essence que par abstraction, dans l'esprit seulement, et il n'y a nulle distinction réelle hors de l'entendement entre le propre être d'une substance et son essence; car elle n'existe que par cela même qui constitue son être.

3° Le nombre n'est pas un signe de distinction, car l'esprit ne peut nombrer qu'après avoir distingué, ni affirmer de deux ou plusieurs choses qu'elles sont deux ou plusieurs, qu'après avoir aperçu qu'elles sont distinctes.

4° Deux affections d'une même essence, par exemple deux perles, tel — les qu'on les suppose, quand elles ne seront plus distinguées par elles-mêmes ou par leur diversité, le seront toujours par les modifications et les accidents qui les environnent ou qui les séparent. Que si vous anéantissez toutes ces modifications, et, par conséquent, tous leurs rapports de distance et de position, il est évident qu'elles seront absolument identifiées; ou plutôt que la supposition de deux perles, et, en général, de deux affections distinctes, sans qu'aucune modification ni accident intérieur ou extérieur les distingue, renferme l'absurde et l'impossible; et c'est donner à la puissance de Dieu un objet chimérique et contradictoire que de la faire intervenir pour en établir la possibilité.

Mais, dira-t-on, pourquoi deux affections et deux substances ne sauroient-elles être distinctes ou exister en elles-mêmes, indépendamment l'une de l'autre, sans que l'esprit humain n'y puisse apercevoir aucun signe de distinction? Cet esprit est borné, et, par conséquent, il peut y avoir une infinité de choses qui existent qu'il ne conçoit pas. Voici la réponse :

L'esprit est borné, il est vrai, et partant il ne suit pas de ce qu'il ne conçoit point une chose, qu'elle n'existe point; mais, quand il aperçoit l'absurdité dans cette existence, en sorte que l'idée de la chose supposée existante renferme contradiction, on peut et l'on doit assurer, à moins qu'on ne veuille renoncer à toute raison et tomber dans le pyrrhonisme le plus extravagant, on peut, dis-je, assurer qu'elle n'existe point. Or, c'est ce que je pense avoir suffisamment éclairci à l'égard de la supposition de deux affections distinctes, sans qu'aucune modification les distingue. Pour les substances, outre qu'il seroit assez dangereux d'introduire dans la métaphysique une distinction qui ne sauroit être aperçue par l'esprit, il n'y a qu'à considérer qu'elles ne pourroient être distinguées, terminées et séparées entre elles que par d'autres substances de même nature qu'elles, ou de différente nature. Ce ne peut être par les premières, car quel genre d'être seroit-ce que cette séparation entre deux substances semblables par une substance semblable? Je ne saurois jamais voir là que la même substance. Ce ne peut être aussi par les secondes; car des substances de différent attribut ne sauroient se séparer, se terminer, ni, en aucune manière, agir les unes sur les autres. Donc, n'y ayant dans la nature que des substances et des modifications de substance, il est vrai de dire que deux ou plusieurs choses ne sauroient être distinguées, ni entre elles, ni par l'esprit, que par la diversité de leurs attributs, ou par celle de leurs affections.

Cela posé, M. R. P., il suit nécessairement qu'il est impossible qu'il y ait dans la nature deux substances de même essence ou de même attribut, et que toute substance est infinie, comme l'auteur le démontre dans les propositions 5ᵉ et 8ᵉ; et, par là, toutes les objections que vous tirez du pied cube d'étendue que vous dites qu'on peut concevoir seul comme substance des nombres nombrants et nombrés, des deux pistoles qui ne sont point la modification de quatre pistoles, mais la moitié; toutes ces objections, dis-je, tombent, ce me semble, d'elles-mêmes. Qu'il me soit, je vous prie, encore permis de vous représenter que le pied cube dont vous parlez, sans autre modification de l'étendue que la figure cubique, est une pure abstraction, et un être mathématique qui n'a jamais existé hors de l'esprit. Car, comme il n'y a point de rondeur sans corps rond qui soit ou pierre ou bois, etc., ni enfin, comme vous dites dans vos ouvrages, *aucunes formes ni qualités abstraites,* il n'y a point aussi de pied cube d'étendue toute pure actuellement et hors de l'entendement. L'esprit voit toutes les figures possibles dans l'étendue, comme il voit toutes les idées possibles dans la pensée. Il voit ces substances ou ces attributs de substance comme infinis et indivisibles, tant qu'il les considère indépendamment de tout mode; mais il les voit finis et divisibles, ou capables de multitude , dès qu'il termine l'idée qu'il en a par quelqu'une des modifications dont leur essence renferme la possibilité. Ces modifications sont elles-mêmes le sujet de ce qu'on appelle division, durée, mesure, figure , nombre et quantité; mais si vous séparez toutes ces choses de leur sujet, ce ne sont plus que de pures abstractions et des manières de penser qui ne renferment aucune réalité objective. Vous voyez aussi par là, M. R. P., que, selon ses principes, l'auteur ne doit pas nier qu'il n'existe et qu'il n'y ait d'autres hommes avec lui , comme vous l'inférez dans vos objections. Il soutient seulement que l'homme, en tant que tel, n'est qu'une modification de substance et non une substance, ce qui suit nécessairement de la théorie précédente.

Je vais, maintenant, vous rendre compte de ce que j'ai trouvé dans l'*Entretien du philosophe chrétien avec le philosophe chinois*. Pour le faire plus brièvement, je ne m'arrêterai point aux beautés que j'y ai remarquées , ni à tout ce que vous dites; d'abord, de l'être par soi, qui peut parfaitement s'accorder avec le système de l'auteur; je ne crois pas même que je doive entrer dans la discussion de tous les endroits où vous établissez des sentiments différents des siens , tels que sont ceux où vous traitez de l'intelligence, de la sagesse et des actions de l'être, par rapport à certaines fins que vous lui attribuez. Car il me semble que ce n'est que par des inductions ou par des raisons *à posteriori* que vous prouvez que ce sont des perfections que l'idée du premier être renferme. Or, l'auteur ayant démontré le contraire *à priori*, et ses démonstrations demeurant dans tout leur entier, il seroit inutile d'insister davantage là dessus.

Mais je ne saurois passer sous silence l'article qui regarde l'étendue et l'idée de l'étendue comme un point décisif entre vous et l'auteur en question ; et vous êtes le seul que je sache , M. R. P., qui en ait jamais bien senti l'importance parmi tous ceux qui ont traité des matières de théologie et de métaphysique. D'un côté, vous avez été convaincu que l'idée de l'étendue renfermoit l'entité nécessaire et l'infinité objective, et, par conséquent, qu'il falloit regarder cette étendue comme une des perfections et des réalités qui constituent l'essence divine ou de l'être infini et nécessaire. De l'autre, vous avez vu qu'on ne pouvoit faire Dieu étendu de l'étendue des corps , sans ruiner toutes les notions que la religion d'aujourd'hui nous en donne.

Il a donc fallu chercher une théorie qui peut conserver à l'étendue ses propriétés, et satisfaire à tous les inconvénients qui pourroient s'en ensuivre. Pour le faire, vous avez admis en Dieu une étendue infinie et nécessaire archetype de tous les corps, et vous l'avez appelée intelligible parce qu'il n'y a que l'esprit proprement dit qui puisse l'apercevoir. Mais l'étendue des corps, vous la nommez créée, locale et sensible, parce qu'elle est finie, qu'elle frappe les sens et l'imagination, et qu'elle doit être, par là, hors de l'essence divine. Vous avez manié et tourné cette idée, dans vos ouvrages, de cent façons différentes; celle qui se trouve, ici, dans l'entretien des deux philosophes, n'est pas une des moins ingénieuses. Mais j'ose vous dire, M. R. P., que, si vous voulez bien faire attention aux raisons que j'ai et que j'eus l'honneur de vous envoyer dans ma dernière lettre, pour ne pas la recevoir, vous trouverez peut-être que je n'ai pas tout à fait tort. J'ajouterai encore, ici, une réflexion qui me paroit prouver manifestement que cette distinction d'étendue intelligible et d'étendue créée ne sert qu'à confondre les véritables idées des choses, et que ce que vous appelez étendue intelligible n'est, à la rigueur, et selon toutes les propriétés que vous leur attribuez, que l'étendue proprement dite ou la substance dont votre étendue créée n'est autre chose que la modification.

Il ne faut point se laisser éblouir par le mot d'intelligible; toutes les essences des choses, les substances, en tant que substances, considérées en elles-mêmes et indépendamment de leurs modes, ne sauroient jamais être aperçues ni par les sens ni par l'imagination, mais par l'esprit seul; et, ainsi, elles sont purement intelligibles; car l'étendue et la pensée, prises indépendamment de leurs manières d'être actuelles, ne sont qu'abstraites, et ce que l'esprit aperçoit de commun à tous les êtres modaux de chacun de ces attributs de la substance. La pensée n'existe point sans telle ou telle idée, telle ou telle volition, quoique ni telle idée ni telle volition ne constituent point la pensée, mais qu'au contraire ce soit la pensée qui constitue l'être des volitions en général, et ainsi de l'étendue, etc. Il en est comme du mouvement, qui n'est qu'un abstrait, et qui n'existe point hors de l'esprit, sans telle ou telle direction, et sans telle ou telle vitesse. Car que seroit-ce qu'un mouvement sans direction et sans vitesse, ou sans quantité? Cependant, ce n'est pas plus la direction vers l'orient que celle vers l'occident qui constitue le mouvement, etc. Ainsi, encore un coup, les essences des choses sont purement intelligibles; et, en ce sens, il n'y a pas davantage une étendue intelligible qui n'est pas le corps, mais qui est commune à tous les corps, qu'il y a une pensée intelligible qui n'est pas l'idée ou la volition, mais qui est commune à toutes les idées et à toutes les volitions.

Voyons donc comment on pourra se dispenser d'avouer que les corps soient les affections et les modifications de l'étendue intelligible.

Il n'y a, dans la nature, que des substances et des modifications de substances. Tout ce à quoi on peut penser seul et indépendamment de toute autre chose est substance; tout ce à quoi on ne sauroit penser seul et sans renfermer dans l'idée qu'on en a quelque autre chose sans laquelle il ne peut ni exister, ni être conçu, est nécessairement modification, et modification de cette chose que renferme son concept. Or, l'idée de tout corps renferme celle de l'étendue intelligible, comme constituant son essence ou sans laquelle il ne peut ni exister, ni être conçu. Donc, tout corps est la modification de l'étendue intelligible, ou l'étendue intelligible est le sujet, l'essence et la substance de tout corps. Donc, si l'étendue intelligible est en Dieu, tout corps est la modification de l'essence divine, ou l'essence divine est la substance de tous les corps. Donc, les noms d'*essence représentative*, de *participable par les créatures*, d'*archetype des corps*, etc., que vous lui donnez, et qui semblent sauver ou adoucir la conséquence, étant bien entendus, le réduisent à ceux de substance ou d'essence des corps : à moins que vous ne fassiez voir que l'étendue qui est renfermée dans le concept des corps, sans laquelle ils ne peuvent ni exister, ni être conçus, et de laquelle il est évident que les sens ni l'imagination ne sauroient être touchés, mais l'esprit seul, est une autre étendue que celle que vous appelez intelligible.

Excusez, je vous supplie, M. R. P., et la longueur de cette lettre et le malheur que j'ai de n'avoir pu encore m'accorder avec vous sur cette matière, J'aurois bien voulu éviter de vous faire un détail des difficultés qui m'en empêchent, et qu'en ne me rendant pas à des sentiments si respectables une certaine brièveté ne me convenoit point, et que je ne pouvois moins faire que de vous exposer sans réserve toutes mes raisons.

Cela n'empêchera pas que je ne conserve toujours une très vive reconnoissance de l'honneur que vous m'avez fait, et que je ne travaille encore, en mon particulier, à découvrir le paralogisme tant désiré. Je me flatte aussi que vous ne me refuserez point la permission de vous consulter quelquefois sur d'autres sujets qui ne pourront pas vous distraire considérablement de vos occupations, ni vous engager à écrire de longues lettres. Les moindres de vos paroles seront toujours pour moi d'un prix inexprimable. Je suis avec un très profond respect, etc.

P. S. Si vos occupations, M. R. P., vous permettoient d'écrire quelques lignes, vous m'obligeriez sensiblement de m'apprendre, avec l'état de votre santé, celui de la défense de votre système de la grace. Je dois en envoyer chercher quelques exemplaires, dès qu'elle sera imprimée. Je souhaiterois bien aussi de savoir si c'est le livre de l'*Action de Dieu sur la créature* qui vous donne le dernier, et ce que vous pensez de cet ouvrage qui fait tant de bruit dans le monde.

*En note est écrit de la main de Mairan* : Remise à la poste le 6ᵉ mai 1714, contient 4 feuillets et 1/2, 10 pages avec l'apostille.

# LETTRE VI.

## LE PÈRE

# MALEBRANCHE

A

## DORTOUS DE MAIRAN.

# VI.

—

LE PÈRE

## MALEBRANCHE

A

DORTOUS DE MAIRAN.

————◆◆◆————

Ce 12ᵉ de juin 1714.

**Monsieur,**

Je voulois attendre que jeusse assez de loisir pour refuter au long l'auteur en question, et satisfaire vos desirs autant que je le pourrois ; mais prevoyant que ce loisir ne me sera jamais donné ; que la main me tremble si fort, en esté surtout, que je ne puis ecrire une ligne lisible, dans le tems que jaurois ecrit autrefois une page ; de peur de vous faire attendre trop longtems pour trop peu de chose, je repons icy à votre lettre dattée du 6 de may. Ma reponse obtiendra de vous, et que vous rabattrez beaucoup de l'estime que vous avez de moi, et qu'en cela vous me rendrez justice, et elle ne vous donnera point aussi sujet de penser, que je suis peu sensible à ce qui vous regarde.

J'ai relu, monsieur, vos lettres precedentes, et lû et relû votre dernière; et il me paroît que non seulement je vous ai marqué, dans celles que j'ai eu l'honneur de vous ecrire, en quoi consistoit le paralogisme de l'auteur, et la cause meme de son erreur : qui est (*qu'il*) confond le monde, l'etendue creée, qui ne peut être l'objet immediat de l'esprit, parce qu'il ne peut affecter l'esprit, agir en lui, — avec l'idée de cette etenduë, que j'appelle étendue intelligible, parce que c'est elle seule qui affecte l'esprit. Or, cette etendue intelligible n'est point faite : elle est necessaire, eternelle, infinie : c'est, selon que je croi l'avoir prouvé, l'essence de Dieu; non selon son être absolu, mais en tant que renfermant, entre toutes ses realitez ou perfections infinies, celle de l'etendue; car Dieu est partout. Mais l'étendue locale dont le monde est composé, — Paris, Rome, mon propre corps, — etendue qui n'est point l'objet immediat de mon esprit, n'existe point necessairement. Car je concois que, quand Dieu auroit aneanti le monde creé, si Dieu m'affec-

toit comme il m'affecte, je verrois comme je voi ;
et je croirois que ce monde existe encore, puisque
ce monde n'est point ce qui agit dans mon esprit.
Lame est une substance qui appercoit; mais elle
n'apperçoit que ce qui la touche et la modifie, ce
que le corps ne peut faire.

Je dis donc encore que l'auteur se trompe, parce
qu'il prend lidée du monde, le monde intelligible
ou letendue intelligible, pour le monde; les idees
pour les choses memes, et qu'il croit que letendue
du monde est éternelle, necessaire, etc., par ce
que telle est letendue intelligible : fondé sur ce
principe que vous rapportez (mal entendu par
l'auteur) quon peut assurer d'une chose ce que
l'on concoit être renfermé dans son idée. Ce principe est vrai, par ce que Dieu ne peut avoir créé les
estres que sur les idées qu'il en a, et que les idees
que Dieu a sont les mêmes que les notres, quand
elles sont nécessaires. Car il n'y auroit rien de certain si les idees que nous avons etoient differentes
de celles de Dieu. Ce principe est vrai par rapport
aux proprietez des etres, mais il n'est pas vrai par
rapport à leur existance. Je puis conclure que la
matiere est divisible, parce que l'idée que jen ai
me la représente telle; mais je ne puis pas assurer
qu'elle existe, quoique je ne puisse pas douter de
l'existance de son idée. Car son idée est, actuellement, l'objet immediat de mon esprit, et non la

matière même, et je ne puis scavoir quelle existe que par revelation ou naturelle ou surnaturelle, ainsi que je lai explique dans les Entret. metaph. Le monde intelligible est en Dieu et Dieu même ; car tout ce qui est en Dieu est substantiellement tout Dieu. Il n'en est point une modalite, par ce qu'il ny a point de modalite dans linfini ; de neant, dans l'etre, ou qui termine l'etre infini. Dieu est tout ce quil est, partout ou il est, dans tout ce quil est, ce que l'esprit fini ne peut comprendre. Mais nous ne voyons pas l'essence de Dieu selon ce quelle est en elle même absolument, quand nous pensons à l'etendue, au monde intelligible. Nous ne voyons que ce que Dieu voyoit en lui meme, quand il a voulu creer le monde.

Je ne comprends pas, Monsieur, comment vous trouvez de la difficulté a concevoir (lettre precedente) a concevoir la difference quil y a entre lidee d'une chose et la chose meme, entre letendue creée que jappelle materielle (celle dont le monde est composé, et qui, sans le mouvement qui est la cause de leurs differentes figures, ne seroit qu'une masse informe) et lidée que Dieu en a et dont il affecte mon esprit ; idée que jappelle intelligible, parce que la matiere ou letendue creée n'a point d'efficace propre, et ne peut agir sur mon esprit. Je suis surpris comment de la reponse de Theodore ( Entret. met. nº 12) vous concluez que par letendue intelligible, *il est clair que je n'entends autre chose que l'etendue substance, dont letendue créec ou materielle, cest a dire les corps, la couleur, la dureté etc., qui affectent nos sens et notre imagination, ne sont que les simples modes.* J'entends, Monsieur, tout autre chose que ce que vous pensez. Cela est evident par ce qui precede; mais je m'explique : —

Quand je pense à l'étendue, les yeux fermez, alors l'idée de l'étendue me la représente immense et partout la même, parce qu'elle affecte mon esprit partout d'une pure perception et si leger e qu'il me semble qu'elle n'est rien et ne represente rien de reel. J'appelle cette etendue intelligible, parce que cette idée ne m'affecte point par mes sens. Mais dès que j'ouvre les yeux, je dis que c'est cette même idée et non quelque autre qui m'affecte de perceptions sensibles qu'on appelle couleurs, rouge, verd, bleu. Alors, cette même idée devient sensible d'intelligible qu'elle étoit, c'est à dire qu'elle m'affecte de perceptions sensibles. Car la même idée peut par son efficace, car tout ce qui est en Dieu est efficace, peut, dis-je, affecter l'ame de differentes perceptions, et cela même par chaque partic ideale : je dis ideale, car l'etendue intelligible n'est point localement etendue, et n'a point de parties etendues. Par exemple, l'idée de main, qui seule est l'objet immediat de mon esprit, peut dans le même temps, m'affecter de differentes perceptions, savoir, couleur, chaleur, douleur, et, si Dieu le vouloit, peut-être de cent mille autres ; car il est certain que les perceptions sensibles ne sont que des modifications de l'ame differentes de l'idée ou de l'objet immédiat apperçu. Si donc je regarde ma main, j'en aurai la perception, couleur; si je la regarde dans l'eau, j'en aurai la perception, froideur ; et si, en même temps que je la regarde dans l'eau froide, j'ai la goutte, j'en aurai la modification ou perception, douleur. Ainsi, la même idée de ma main peut m'affecter en même temps de differentes perceptions : et à plus forte (*raison*), c'est la même idée qui peut affecter Ariste, selon la reponse que lui fait Théodore, lorsqu'il en a de legeres et indifferentes perceptions, ou qu'il en a de vives et intéressantes.

Il me paroît toujours que la cause des erreurs de l'auteur est qu'il confond les idées des choses avec les choses memes ; les idées qui seules peuvent affecter les intelligences avec les etres qui ne peuvent agir sur l'esprit. Cependant, ce n'est pas notre propre corps meme qui agit sur notre ame, mais l'idée de notre corps. Car la main qui fait mal à un manchot, lorsque l'origine des nerfs qui repondoient à sa main avant qu'on la lui eust coupée sont rudement ebranlez, n'est que la main idéale. Car sa main qu'il croit etre celle qui lui donne la perception douleur, n'est plus. Avant même qu'elle fut coupée, ce n'etoit point elle qu'il voyoit, et qu'il sentoit immediatement, car il n'y a que les idees qui affectent les esprits ; idées efficaces parce qu'elles sont l'essence du Tout-Puissant, en tant qu'elle renferme eminemment les perfections qu'il a creez, qui touche l'esprit. L'étendue intelligible n'est point sans doute l'etendue que vous appellez *étendue substance,* mais l'idée de l'etendue substance dont le monde est composé; c'est l'idée de l'etendue substance dont Paris, Rome, etc., sont des parties, et non des modes simples. Les modifications de l'etendue ne sont que les figures qui les terminent, et l'on n'a jamais pris les parties d'un tout pour les modifications du tout, une demi sphere, soit intelligible, soit materielle, pour des modifications de la sphere; un pied cube d'etendue pour une modification d'une etendue infinie ; car une etendue infinie n'auroit point de modification, point de terme en quoi consiste la modification.

Je ne comprends rien, Monsieur, dans ce que vous repondez à ce que j'ai dit : qu'un pied cube est une substance, ou plutost une infinité de substances, ou $12 \times 12 \times 12$ pouces de substances, car je puis appercevoir un pouce cube sans appercevoir le pied cube : mais je ne puis appercevoir la figure qui le termine sans l'etendue qu'il renferme, parce que la figure n'en est que le terme. La figure est donc le mode, et l'etendue la substance, ou l'idée

de la figure l'idée du mode, et l'idée de l'étendue
l'idée de la substance étendue. Il est evident que si
un pied n'est pas substance, mais modification, une
infinité de cubes ne feront point une substance infinie, mais un assemblage infini de modifications.

Je scai bien qu'un pied cube est de meme nature
que toute autre étendue ; mais ce qui fait qu'un
pied cube est distingué de toute autre, c'est son
être propre, son existence. Qu'il y ait des êtres de
même ou de differente nature, si cela se peut; ou
qu'il n'y ait rien qui l'environne, il sera toujours
ce qu'il est. Je scai aussi que l'idée de l'étendue est
infinie, que l'esprit ne peut l'epuiser ; mais l'idée
de l'etendue n'est pas le monde : c'est l'idée de la
substance etendue, substance dont le souverain
ouvrier, après l'avoir creée, a composé l'univers
avec un art infini. Car il lui falloit une substance
divisible à l'infini pour perpetuer la generation des
animaux et des plantes, sans arreter le cours uni-
forme et majestueux de sa providence. J'ai traitté
cette matière dans une optique (*que*) j'ai donnée dans
la derniere edition de la *Recherche de la Verité.*

Je trouve, Monsieur, que l'auteur est plein d'e-
quivoques et qu'il ne prouve ici que cette vérité :
que l'idée d'une étendue infinie est presente à l'esprit, en sorte que l'esprit ne peut l'epuiser ; et
cette verité encore : qu'il n'y a point deux sortes
d'idées d'etendues. Mais il confond l'idée de l'é-

tenduë avec le monde. Il faut bien que l'ouvrage soit conforme à l'idéc de l'ouvrier *idea suo ideato*, comme il parle ; mais il n'est pas possible qu'il soit l'ouvrier même.

Pour moi, Monsieur, je conçois clairement dans l'étendue intelligible, infinie, une infinité de parties intelligibles ; et que si l'etendue creée n'estoit qu'une masse informe sans mouvement, il y auroit une infinité de parties differentes dont on pourroit former Paris, Rome, des cubes, des spheres, qui seroient toutes des substances partiales de cette substance infinie, et toutes de meme attribut, c'est à dire toutes etendues et de même nature, toutes des substances, mais plus ou moins grandes. Je concois meme, à l'egard des nombres, que les unitez dont ils sont composez sont infinies et distinguées, jentends intelligiblement, car je parle des nombres nombrants. Ce ne sont pas différentes substances, car ils sont en Dieu, et tout ce qui est en Dieu est Dieu tout entier, si l'on peut parler ainsi. Il est un et tout. Telle est necessairement l'etre infini, et ce que l'esprit fini ne doit pas esperer de comprendre, jusqu'a ce qu'on le voye tel qu'il est. Car nous ne pouvons sçavoir que les choses dont il nous a donné des idees claires, et nous ne concevons clairement que l'étendue et les nombres et quelques principes genéraux. Je dis donc qu'il y a une infinité d'unitez intelligibles, car s'il n'y en avoit que dix, on ne pourroit penser a cent, parce que dix n'est pas cent, et quil contient dix fois moins dunitez que cent. Ainsi, lesprit ne peut voir cent dans dix : car il y en auroit quatre-vingt-dix qu'il verroit et qui ne seroient point. Mais voir rien, et ne point voir, c'est la meme chose. On peut conclure delà qu'il n'y a que l'etre infini qui peut seul eclairer l'esprit. Mais c'est une verité qu'on peut demontrer en cent manieres. Je la prouve dans le Traitté d'optique d'une maniere dont je croi que vous serez content, d'autant plus que l'optique est une matiere ou on demontre mathematiquement les veritez. Loptique fait voir la difference extreme qui est entre les idees et les objets qu'elles representent, et qu'il n'y a qu'une intelligence infinie qui puisse en un clin d'œil faire une infinité de raisonnements instantanez tous reglez par la geometrie et les loix de l'union de l'ame et du corps. Je croi aussi, avant ce Traitté, dans le quatrieme volume, avoir demontré la cause physique de tous les efforts naturels, que je prouve par l'explication du feu, de la dureté, fluidité, lumiere, couleurs, la refraction, reflexion, pesanteur : le tout fondé sur ce principe, que les corps ne sont mus que lorsqu'ils sont poussez, et sur quelques experiences dont tout le monde convient et que chacun peut faire. Croiriez-vous, Monsieur, que la cause de la pesanteur est la meme que la refraction des verres. Je dis cela pour donner la curiosité d'en voir la preuve et de vous detourner de l'auteur en question.

Vous voulez bien, Monsieur, que je vous dise que l'évidence ne se trouve que lorsqu'on ne raisonne que sur des idées claires, et que Jesus Chr. etant venu pour nous instruire par les apotres des veritez où nous ne pouvons atteindre, on peut bastir sur les dogmes de la foi, et tacher d'en avoir l'intelligence. Mais les revoquer en doute, ou ne les vouloir croire que lorsqu'on en voit clairement la verité, c'est une disposition mortelle. Vous citez la Recherche de la verité : lisez en, Monsieur, le 3ᵉ chap. art. 2.

Faute d'avoir une idée claire de l'ame, nous n'en connoissons rien ; car le sentiment interieur n'est pas proprement une connoissance. Nous connoissons clairement un cercle, un cube, un nombre, etc. il est vrai ; mais c'est que ce sont des idées claires ; mais nous ne connoissons point les perceptions ou les modifications dont ces idées affectent notre esprit, parce que nous n'avons pas l'idée ou l'archetype de l'esprit. Nous voulons, nous formons des actes, sans scavoir ce que c'est qu'un acte ; en un mot, nous ne connoissons rien de ce que nous sentons en nous. Cependant, l'ame est finie ; de plus, elle se sent, elle n'est point distinguée d'elle-meme. Nous ne devons donc pas revoquer en doute des veritez bien prouveez d'allieurs, a cause des pretendues demonstrations d'un auteur qui ne scavoit peut etre pas qu'on ne peut rien demontrer qu'en developpant des idées claires, et qui certainement ne voyoit pas l'essence divine infinie en elle-meme.

Trois personnes se trouvent ensemble : un philosophe, un geometre, un gouteux. — Le geometre dit au gouteux : « Vous croyez que vous avez la goute ; mais il n'en est rien ; je vous le demontre :»

« La douleur ne peut etre causée que par votre corps, ou par votre ame, ou de Dieu seul. »

« 1° Elle ne peut etre causée par le corps, car votre corps ne peut agir sur votre ame ; demandez le à M^r le philosophe. »

« 2° Ce n'est pas votre ame qui se tourmente elle même, car si la douleur dependoit de vous, vous n'en souffririez jamais. »

« Enfin, ce ne peut etre Dieu, car Dieu ne la connoît pas, la douleur. Certainement Dieu ne tire ses connoissances que de lui-meme. Or, il n'y a point en lui de douleur : il seroit malheureux. Il ne peut donc pas en vouloir produire en vous, puisqu'il ne scait ce que c'est. Cela est demontré : demandez le au philosophe, ou montrez-nous precisement le defaut de la demonstration. »

« Je scai qu'elle est fausse, » répond le gouteux, « et que vous vous moquez de moi : adieu. » —

Le vrai fidèle fait comme le gouteux : il n'écoute pas seule ent ceux qui attaquent la foi, de peur d'être embarrassé par des objections qu'il ne pourroit pas resoudre; car perdre la foi, c'est tout perdre; et la foi ne vient que par la revelation et non de la speculation des idées claires, des mathematiques, et des nombres.

Je suis, Monsieur, avec bien du respect, votre tres humble et tres-obeissant serviteur.

### MALEBRANCHE P.D.L.O.

Ma santé, Monsieur, a peine a se retablir : je viens encore de me faire saigner. J'ai 76 ans. Je ne scai si (*je*) repondrai a l'Action de Dieu sur les creatures, quoiqu'il y a deja du temps que j'y faits mes observations. L'auteur parle bien, et raisonne, à mon sens, fort mal. Il me paroit qu'il renverse toutes les idées qu'on avoit de Dieu : sagesse, justice, bonté, etc., et je croi que ce livre tombera, quand la prevention sera passee. Les objections qu'il me fait sont celles de M. Arnaud, auxquelles jai repondu autant que je l'ai cru necessaire.

# LETTRE VII,

—

## DORTOUS DE MAIRAN

Au R. P.

# MALEBRANCHE.

# VII.

—

## DORTOUS DE MAIRAN

AU

### RÉVÉREND PÈRE MALEBRANCHE.

Le 26ᵉ août 1714.

M. R. P., je ne saurois vous exprimer le plaisir que j'ai ressenti, à la dernière lettre que vous m'avez fait l'honneur de m'écrire. Je craignois de n'en plus recevoir de votre part; du moins, je n'osois me flatter d'en recevoir de si détaillées : le dérangement de votre santé, la peine que vous avez à écrire, en été surtout, et les occupations qui vous surviennent continuellement ne me permettoient pas de l'espérer. Jugez de l'extrême reconnoissance dont je dois être pénétré, lorsque je vois que vous passez par dessus tous ces obstacles en ma faveur. Ce n'est pas en me montrant tant de bonté avec tant de lumières, que vous me ferez rabattre de la haute estime que j'ai pour vous.

Je ne saurois satisfaire là dessus votre modestie, ni la flatter sans blesser ma sincérité.

Il y a tant à penser, M. R. P., sur tout ce que vous me dites dans votre lettre, que je n'y aurois pas encore répondu de quelque temps, si l'impatience que j'ai de vous témoigner combien je vous suis redevable, et d'apprendre des nouvelles de votre santé ne m'y avoit engagé. Vous me parlez de bien de choses sur lesquelles je dois m'instruire plus à fond, et méditer plus particulièrement que je n'ai fait jusqu'ici. Ce n'est pas pour moi un petit projet. Dans les embarras et les distractions où je suis obligé de vivre, il ne m'est pas permis de penser toutes les fois que j'en aurois envie.

Vous m'auriez épargné, M. R. P., bien de discussions, où il me faudra entrer, si, comme je vous en avois prié, vous aviez voulu m'indiquer précisément et à la manière des géomètres, le paralogisme du traité *De Deo ;* en sorte qu'après avoir su la proposition où vous la placez, j'en eusse pu examiner en détail la démonstration, et ses dépendances, sans me distraire ailleurs. Mais vous ne l'avez pas jugé à propos, vous vous en tenez aux objections vagues et générales. Je ne tâcherai pas moins de profiter de la faveur que vous me faites, en suivant le chemin qu'il vous plaira de me tracer.

Il me paroîtroit, cependant, d'autant plus nécessaire de citer l'endroit du paralogisme, que je n'en suis pas plus éclairci, quand vous persistez à me dire qu'il consiste en ce que l'auteur confond les idées des choses avec les choses mêmes. Car, quelque recherche que j'en aie faite, je ne saurois trouver aucun endroit, dans son livre, où il soit tombé dans cette erreur ; au contraire, j'en citerois cent, où la distinction des idées des choses avec les choses mêmes, n'est pas moins marquée que celle de la pensée avec l'étendue. Il est vrai qu'il semble, par la suite des endroits de vos lettres où vous l'en accusez, que vous ne le faites qu'à cause qu'il croit la substance étendue dont les corps sont les modifications, infinie et éternelle. Mais outre que ce seroit donner pour preuve ce qui est en question, et que c'est là plutôt une suite de son système, qu'un moyen dont il se soit servi pour le démontrer ; si l'on prouve par des principes communs à tous les philosophes, et indépendamment de la substance étendue qui n'est qu'un cas particulier de la démonstration générale, que toute substance est unique en son genre, nécessaire et infinie, que deviendra le paralogisme de l'auteur, et cette confusion qu'on lui impute ? Or, c'est là ce qu'il a prétendu faire, et ce qu'il me semble qu'il a fait.

Votre objection, M. R. P., est encore fondée sur plusieurs propositions dont vous vous servez, conformément à votre système, qui sont ou contraires au sien, ou entendues et expliquées d'une manière différente dans le sien : comme, que l'ame de l'homme est une substance ; que les idées sont quelque chose de distinct d'elle-même et de ses perceptions ; que l'étendue ne sauroit agir sur elle, etc. ; mais il me semble que selon les loix exactes du raisonnement on ne peut s'en servir contre lui qu'en les prenant au même sens que lui, ou qu'après les avoir démontrées autrement, par des principes communs aux deux systèmes. Vous concluez, sur le même fondement, qu'il a mal entendu ce principe que j'avois rapporté : *qu'on peut assurer d'une chose ce que l'on conçoit être enfermé dans son idée. Car,* dites-vous, *ce principe est vrai par rapport aux propriétés des êtres ; mais il n'est pas vrai par rapport à leur existence. Je puis conclure que la matière est divisible, parce que l'idée que j'en ai me la représente telle; mais je ne puis pas assurer qu'elle existe.* (Je m'attendois que ce seroit parce que l'idée que vous en avez ne vous la représente pas existante); mais vous continuez : *quoique je ne puisse pas douter de l'existence de son idée ; car son idée est eternellement l'objet immédiat de mon esprit, et non la matière même, et je ne puis savoir qu'elle existe que par révélation naturelle ou surnaturelle.*

Mais souffrez, s'il vous plait, M. R. P., que je vous réponde que, si par matière nous entendons les corps, ou les diverses modifications de l'étendue, nous devons dire que la matière est divisible, qu'elle n'est pas infinie, et que son existence nous est inconnue, parce qu'en effet son idée renferme la divisibilité, et ne renferme pas l'infinité ni l'existence nécessaire : l'auteur n'a jamais dit que le pricipe fût vrai, par rapport à l'existence des êtres particuliers; et il a dit très clairement et très positivement le contraire. Mais si par matière nous entendons la substance étendue proprement dite, qui n'est ni tel ni tel corps, qu'on conçoit également dans tous les corps, ou qui leur est commune à tous, nous pouvons assurer qu'elle est infinie, qu'elle existe nécessairement, et qu'elle est indivisible, parce que son idée, dégagée de toute imagination, la représente telle à l'entendement. Je n'assure point d'un triangle qu'il existe, je dis que ses trois angles sont égaux à deux droits, parce que cette propriété est clairement contenue dans l'idée qui me le représente, et que l'existence ne l'est pas. Mais quand l'existence et l'infinité sont des propriétés renfermées objectivement dans l'idée d'une chose, j'assure de cette chose qu'elle existe et qu'elle est infinie, comme j'en assure les autres propriétés contenues dans son idée : ainsi, j'assure que Dieu est infini et qu'il existe, parce que l'idée qui me le représente renferme l'infinité et l'existence, comme des propriétés essentielles à cet être. ( V. *Rem. div.*, p. 597. )

Toute la question se réduit donc, ce me semble, à savoir si l'étendue proprement dite, l'étendue commune à tous les corps, sans laquelle ils ne peuvent ni exister ni être conçus, nous est représentée par son idée comme infinie et comme existante.

Je vous avoue, M. R. P., qu'après être rentré en moi-même, et après avoir médité plusieurs fois très sérieusement sur ce sujet, je n'ai pu encore m'empêcher de voir dans cette idée l'infinité et l'existence objective, et partant, selon le principe, je n'ai pu me dispenser d'en conclure l'infinité et l'existence formelle de son objet. Je crois que tous les hommes l'y voient comme moi, et que ce n'est que faute de s'entendre qu'ils n'en conviennent point. Il n'y a pas jusqu'aux plus grossiers et aux moins capables de réflexion qui ne reconnoissent implicitement, dans le temps même peut-être qu'ils seroient prêts à la nier, une étendue réellement infinie, ou sous le concept chimérique du vide, ou sous l'idée vague des espaces imaginaires.

Comme la preuve de l'infinité par son idée me paroît décisive sur cette matière, je vais tâcher de la mettre dans un plus grand jour, et à couvert des objections qu'on peut prendre de votre système. Selon votre doctrine, M. R. P., il y a trois choses à remarquer lorsque nous avons une idée :

La modification de l'âme que vous appelez perception ;

L'objet immédiat de l'esprit ou de sa perception, qui est ce que vous appelez idée ;

**Et la chose représentée** par l'idée, qui est, ce me semble, ce que tout le monde appelle objet, ou idéat.

L'idée et l'idéat sont deux choses très distinctes. L'idée d'un quadrilatère, par exemple, n'a ni quatre côtés, ni quatre angles, comme son idéat; et tout le rapport qu'elle a avec lui, c'est qu'elle représente à l'esprit quatre côtés et quatre angles.

De même, l'idée de l'étendue est très différente de l'étendue qui est son idéat : elle n'a rien d'étendu comme lui; mais elle représente quelque chose d'étendu. Quand j'ai idée de l'étendue, ou que mon esprit se tourne vers cette idée, la modification que mon âme reçoit, la perception, est finie; mais l'idée, l'objet immédiat de cette perception, est, comme on en convient, infinie. La question est de savoir si l'idéat peut être infini, ou, ce qui revient au même, à cause du principe, si cette idée me représente son idéat, la substance étendue, comme infinie. Mais l'idée infinie d'une substance pourroit-elle ne pas représenter quelque chose d'infini? Pour moi, je cherche en vain comment la représentation que contient cette idée ne seroit pas infinie, et qu'est-ce qui constitueroit son infinité? Sans cela, une idée est un être représentatif; et il est contradictoire, ce me semble, qu'une idée infinie n'offre pas à l'esprit une représentation infinie. Autrement, je pourrois nier que Dieu soit infini, par ce mauvais subterfuge qu'à la vérité l'idée de Dieu est infinie; mais qu'elle n'offre pas à mon esprit une représentation infinie. Je suis donc contraint d'admettre une représentation infinie dans l'idée de l'étendue, ou, pour parler un langage plus clair, de dire que l'idée de l'étendue me représente l'étendue, son idéat, comme infini. Rappelons, maintenant, son principe : — *On peut assurer d'une chose ce que l'on conçoit clairement être renfermé dans l'idée qui la représente;* et supposons, un moment, l'existence actuelle de la substance étendue, idéat de cette idée qui la représente infinie : sera-ce mal raisonner, mal appliquer et mal entendre le principe, d'assurer de cette substance qu'elle est infinie? N'est-ce pas une des *propriétés* contenues dans la représentation? Et si je prends garde qu'une substance, qu'on conçoit pouvoir exister, un moment, infinie, ne peut qu'exister nécessairement, parce qu'il seroit impossible de concevoir qu'elle commençât jamais d'exister par elle-même, n'existant point, ni par une cause étrangère devant exister infinie ; et réciproquement, qu'une substance qui existe nécessairement ne peut qu'être infinie, parce que, si elle ne l'étoit pas, on pourroit la concevoir comme non existante au delà des bornes qui la terminent. — Si, dis-je, faisant attention à tout ce que l'idée de l'étendue me représente de l'étendue, je puis aussi peu la concevoir non existante que non infinie, et que j'assure d'elle l'infinité et l'existence nécessaire, sera-ce encore mal user du principe ? L'application n'en est-elle pas aussi juste que celle par laquelle j'assure d'une figure que son idée me représente avec quatre côtés, qu'elle a aussi quatre angles ?

Il n'est rien dont on ait des idées plus distinctes que la pensée et l'étendue ; car on peut toujours penser à l'une sans penser à l'autre. Donc, l'idée de l'étendue me doit représenter quelque chose qui est distinct d'elle même, puisque toute idée appartient à la pensée et ne sauroit exister ni être conçue sans elle ; et si ce que me représente l'idée de l'étendue n'étoit point quelque chose de distinct des idées, je ne pourrois concevoir jamais que la pensée et ses modifications. Mais il est de fait que je conçois quelque chose qui n'est point pensée. Or, cette chose, ou elle existe, ou elle n'existe pas. Si elle existe, elle existe telle qu'elle m'est représentée, c'est à dire infinie. Si elle n'existe pas, c'est donc le néant qui est représenté par l'idée de l'étendue.

Vous dites, M. R. P., *que l'auteur est plein d'équivoques, et qu'il ne prouve que cette vérité, que l'idée d'une etendue infinie est présente à l'esprit ; en sorte que l'esprit ne peut l'épuiser. Et cette vérité encore qu'il n'y a point deux sortes d'idées d'étendues ; mais il confond l'idée de l'étendue avec le monde*, etc. Il ne faut qu'ouvrir son livre pour voir que l'étendue qu'il appelle substance est cette même étendue infinie dont l'idée est présente à l'esprit. Ce n'est pas, comme il semble que vous voulez toujours le supposer, le monde, si, par ce mot, vous entendez le ciel, ou la terre, et les corps qu'ils contiennent, ou qui les composent, Rome, le soleil, etc., car ces choses ne sont, en tant que telles, que de pures modifications variables à l'infini. Mais c'est, comme il en avertit en cent endroits, la substance dont toutes ces choses sont des modifications, qui leur est commune à toutes, et sans

laquelle elles ne peuvent ni exister ni être conçues, quelque
changement qui leur arrive. Je ne vois point là ni d'équivoque
ni de confusion. Mais permettez-moi de vous demander, M. R. P.,
quelle est, selon vous, cette étendue infinie dont vous dites
que l'idée est présente à l'esprit? Ce n'est pas la substance du
monde, puisque vous la croyez finie. Ce n'est pas aussi l'étendue intelligible, car, selon que vous la définissez en plusieurs
endroits de votre lettre, l'*étendue intelligible n'est que l'idée
de l'étendue*. Ainsi, si on confondoit l'étendue intelligible
avec l'étendue infinie dont vous dites que l'idée est présente à
l'esprit, ce seroit véritablement confondre une idée avec la
chose représentée par cette idée. Quoique ce puisse être, cependant, que cette étendue infinie, dont l'idée est présente à l'esprit,
il faut bien assurer d'elle, conformément au principe, qu'elle
est infinie, c'est à dire qu'elle ne peut être formellement dans
la nature, que telle qu'elle est objectivement dans l'idée. Mais
*s'il n'y a pas deux sortes d'idées d'étendues*, ou deux sortes
d'étendues qui soient les idéats de cette même idée, je ne vois
point en quoi cette étendue infinie de laquelle vous avouez
que l'idée est présente à l'esprit, différera de la substance dont
j'ai conclu qu'elle étoit infinie, parce que son idée me la repré-
sentoit infinie. Je ne dois pas examiner, ici, d'où me vient cette
idée de l'étendue infinie : chaque système l'explique à sa manière ; mais quelle qu'en soit la cause, ma conclusion est certaine, ou le principe est faux et défectueux.

Il est vrai qu'il y a cette différence entre les systèmes des autres philosophes et celui de l'auteur, que, dans les premiers, il
est impossible de concevoir que l'esprit ait idée de quelque
chose qui n'est point pensée, au lieu que, dans celui de l'auteur
où la pensée et l'étendue ne sont que des attributs d'une même
substance qui se pénètrent, rien n'est plus analogue. Sur quoi
je remarque encore la nécessité qu'il y auroit de saper les fon-
dements du système, avant que de l'attaquer par de semblables
difficultés.

Voici, M. R. P., une preuve d'une autre espèce, par laquelle
je prétends faire voir que l'étendue ne sauroit exister actuellement finie ; c'est à dire où elle n'existe point, ou qu'elle existe
infinie.

Etre infini en son genre, n'avoir point de bornes ou de limites, n'être point terminé en son genre, c'est une seule et même chose.

Etre fini en son genre, borné, terminé, ce sont encore tous termes synonymes.

*Lemme.* Pour être fini en son genre, il faut être terminé par quelque chose de même genre ou de même nature.

Soit A, un corps fini : il est évident qu'il est borné, et terminé par tous les corps ambiants B, C, D, etc., qui sont étendus comme lui ou qui ont l'étendue commune avec lui, et au delà desquels il ne s'étend pas ; et s'il n'y avoit autour d'A aucun corps, ni rien d'étendu, je ne pourrois éviter d'affirmer du corps A qu'il est infini en son genre ; car être terminé par rien, n'être point terminé, c'est être infini. Et en ce cas, A épuiseroit l'être en son genre, ou seroit infiniment étendu. Si l'on vouloit supposer que le corps A fût terminé par des êtres de différente nature, c'est à dire non étendus, par exemple par des pensées, ce seroit encore n'être point terminé en son genre, ou être terminé par rien, en tant qu'étendue. Car n'y ayant nulle étendue dans la pensée, et le néant ne pouvant agir sur l'être, elle ne sauroit donner des bornes et des limites au corps A, qu'en tant que pensant, et partant elle le laisseroit infini, en tant qu'étendu. J'ai dit : s'il n'y avoit autour d'A rien d'étendu, parce que je sais que l'imagination ne manque pas, au défaut des corps, de se le représenter au milieu de l'espace ou dans le vide. Mais l'espace et le vide n'étant que des êtres de raison, ou des manières de concevoir l'étendue, ou enfin de l'étendue quelconque, le corps A seroit toujours borné et terminé, dans ce cas, par l'étendue qui lui est commune, où il nage, et dans laquelle je le concevrois inscrit. Il seroit distingué, borné et terminé par une étendue, ou non modifiée, ou autrement modifiée que lui, telle qu'il plaira à l'imagination de se la peindre, car c'est son ouvrage. Cela posé, je dis que la substance étendue dont les corps sont les modes, sans laquelle ils ne peuvent ni exister n'y être conçus, ne sauroit être actuellement finie, mais seulement infinie.

*Démonstration.* Car ou la substance étendue est terminée, ou elle ne l'est pas. Si elle n'est pas terminée, elle est infinie.

Si elle est terminée, ou elle l'est par des substances de même
nature qu'elle, ou par des substances de différente nature. Mais
elle ne sauroit être terminée par des substances de même nature,
par des êtres étendus, en tant que substance et indépendamment
de tout mode. Car je n'entends par l'étendue que le genre d'être
qui est commun à tous les corps, à toutes les modifications qui
ne peuvent ni exister, ni être conçues sans lui. Ainsi, ce genre
d'être, l'être étendu, ne peut être fini et terminé en tant que tel,
par une autre étendue. Car ce seroit toujours de l'étendue sans
fin et sans bornes, et par conséquent ce genre d'être, l'étendue,
ne seroit point terminée, seroit sans limites et infinie. Elle ne
sauroit non plus être terminée par des substances de différente
nature; car, comme je l'ai démontré dans le *Lemme*, ce seroit
être terminé par le rien, ou plutôt ce seroit n'être point terminé. Donc, il n'y a point d'étendue dans la nature, ou elle est
infinie C. Q. F. D.

*Corollaire*. L'étendue est une substance simple et unique.

Cela est évident de là qu'elle est infinie; car, ou les parties
qui la composeroient seroient infinies comme elle, ou elles seroient finies; si elles étoient infinies, il y pourroit donc avoir
un infini métaphysique double, triple, etc., d'un autre infini
de même genre, ce qui est absurde. Si elles étoient finies,
l'infini seroit composé de parties finies, ce qui est encore absurde. Donc, etc.

L'imagination se révolte contre cette simplicité, et par le secours des lignes, des plans mathématiques, des figures et de
toute sorte d'universaux et d'abstraits, nous représente l'é-
tendue, comme un composé de plusieurs êtres de même genre.
Mais faisons taire l'imagination, et voyons par l'entendement
seul qu'est-ce qui pourroit distinguer entre elles ces étendues
proprement dites comme autant de substances, et non comme
modes d'étendue. Rien assurément, du moins je ne le vois pas.
Dira-t-on, que chacune d'elles *est distinguée, et terminée par
son être propre, par son existence, et qu'elle sera toujours
ce qu'elle est, qu'il y ait des êtres de même nature ou de
différente nature, si cela se peut, ou qu'il n'y ait rien
qui l'environne*, comme vous le dites d'un cube d'étendue.
Mais je vous avoue, M. R. P., que je ne saurois comprendre

comment plusieurs substances pourroient être distinguées par leur être propre ou par leur existence, indépendamment de leurs essences. L'existence sans l'essence n'est pas, ce me semble, un signe de distinction réelle, parce que, entre elles, je ne vois qu'une précision et une distinction de raison , qui n'a aucune réalité hors de l'entendement, car les substances n'existent qu'en cela même qui constitue leur être ou leur existence; cet être, cette existence, et l'essence qui la constitue *sunt in re ipsâ unum et idem*. Et quoiqu'en supposant que les substances proprement dites n'existent pas nécessairement, on puisse distinguer leur essence idéale et en puissance d'avec leur existence actuelle, du moins sera-t-il toujours vrai de dire que l'existence actuelle d'une substance n'est pas distincte réellement de son essence actuelle. C'est pourquoi, si plusieurs substances existent actuellement ou sont distinctes entre elles, cette distinction ne peut consister que dans la différence de leurs essences actuelles. Or, l'essence est partout, ici, la même; il n'y a donc nulle distinction.

Il ne me paroît pas moins impossible qu'une substance soit terminée et finie par son propre être, par son existence; et, si c'est un corps, *sans qu'il y ait rien qui l'environne*. Car, comme je viens de le dire, l'être ou l'existence des substances n'est que leur essence. Mais être terminé et fini, c'est avoir en partie une négation d'être, ou un non être. Ce non être ne peut venir à la substance de son essence, car son essence pose l'être et ne le nie pas; il faut donc qu'il lui vienne de quelque chose d'extérieur, et non de son être propre. D'ailleurs, une chose n'est vue finie que parce qu'on voit au delà dans le même genre d'être. Or, comme il faudroit que ce fût de quelque substance de même nature, que cette seconde ne pourroit encore être terminée elle-même que par une semblable, et ainsi de suite à l'infini, cette nature, ce genre d'être ne pourra exister qu'infini; et parce que des substances de même nature ne sauroient être distinctes entre elles , il sera impossible qu'il y en ait plusieurs; partant, ce genre d'être constituera une substance infinie, simple et unique.

Tout ceci pouvoit être aisément déduit de trois ou quatre principes que j'avois posés dans ma lettre précédente. Ainsi, je ne crus pas qu'il fût nécessaire d'entrer dans un plus grand détail sur l'objection du pied cube d'étendue, il me sembloit qu'il suffisoit d'indiquer en général de quoi la résoudre. Mais puisque vous trouvez, M. R. P., que je ne me suis pas assez expliqué là dessus, et que vous croyez toujours que cet exemple prouve que l'étendue est composée, en tant que substance, de parties réellement distinctes, j'ajouterai encore, ici, quelques remarques, après lesquelles j'espère qu'il ne restera plus aucun sujet de doute sur cette matière.

1° L'auteur ayant démontré, en général, de toute substance qu'elle est nécessaire, infinie et indivisible, — un cas particulier tel que celui-ci ne peut être proposé pour renverser le système; il doit, au contraire, être expliqué par les principes généraux, et entrer dans leur analogie.

2° Je viens de démontrer de la substance étendue en particulier, qu'elle est infinie, simple et unique, et que les parties qu'on y conçoit ne sauroient être distinctes entre elles que modalement et non en qualité de substances; qu'elles ne sauroient être finies ni distinctes par leur être propre, par leur existence, etc. Donc, le pied cube dont il s'agit, et les pouces cubiques d'étendue qui le composent, ne sont point de véritables substances réellement distinctes.

3° Il faut bien qu'on puisse concevoir dans l'étendue des cubes, des sphères et toute sorte de figures, car cela suit nécessairement de son idée; mais ces cubes, ces sphères, etc., ne sont point des êtres réels dans l'étendue tels qu'ils sont dans l'esprit. Ce ne sont que de pures abstractions mathématiques qui n'ont jamais existé, et qui n'existeront jamais en l'étendue dans la précision sous laquelle on les conçoit. Et, pour que leur être tel soit quelque chose dans la nature, il faut que l'essence qui leur est commune soit affectée de quelque modification qui les distingue et qui constitue cet être tel. Car il n'y a ni rondeur, ni cubéité dans la nature, mais tel corps, bois, pierre, etc., rond ou cubique.

4° Mais si, par impossible, on supposoit qu'il existât une étendue finie, un pied cubique, par exemple, conçu indépendamment de toute autre modification, je ne vois pas encore comment est ce qu'en tant que fini et indivisible, il pourroit être une véritable substance. Car, premièrement, est-ce une seule substance? en sont-ce plusieurs? Puisqu'il est divisible, et divisible à l'infini, ce sont une infinité de substances; c'est, du moins, une substance composée d'une infinité d'autres qui ont chacune en particulier leur existence propre et distincte, de même que le pied cubique, sous le concept duquel on exprime leur assemblage, est distinct de tous les autres pieds cubiques qui sont contenus dans l'étendue de l'univers. Or, s'il y a là plusieurs substances, il y en a une; car ce nombre ou cette infinité de substances n'existe que parce que chacune existe en soi distinctement; le nombre ou l'infinité ne sont, ici, que des dénominations extérieures, et, ce qu'il y peut avoir de réel, c'est l'existence particulière de chacun des êtres nombrés; c'est l'existence particulière de chaque unité qui fait l'existence du nombre et de cette sorte d'infinité. Or, je demande encore, chacune de ces substances est-elle une ou plusieurs? est-elle divisible? ne l'est-elle pas? Si elle est une et indivisible, voilà l'étendue substance, selon vous, divisible à l'infini, composée de substances indivisibles, ce qui est absurde. Si chacune de ces substances n'est pas une, qu'elle puisse être divisée en deux, trois ou quatre, ou une infinité d'autres, je refais le raisonnement que j'ai fait sur tout le pied cubique : il ne peut y en avoir plusieurs ou une infinité. S'il n'y en a une, et si je n'arrive jamais à une, je ne pourrai jamais concevoir le pied cubique, ni comme une su'stance, ni comme un assemblage de véritables substances. Ce nombre et cette infinité de substances s'évanouissent, en tant que telles, dès que je ne sçaurois en concevoir une seule distinctement. Ce sont, sans doute, de semblables difficultés qui ont conduit les Gassendi, les Bernier, les Cordemoi et plusieurs autres savants hommes à admettre enfin des parties intégrantes de la matière uniques et indivisibles, ne pouvant concevoir de véritable substance sans cette unité. Mais, en voulant éviter une absurdité, ils sont tombés dans une autre qui n'est pas moindre, faute d'avoir une idée claire et métaphysique de la substance, et de ne l'apercevoir qu'en tant que substance, et indépendamment de ses modifications. Il n'est pas moins impossible de la concevoir finie, que divisible à l'infini. Il n'y a, ce me semble, que le système de l'auteur qui évite ces deux inconvénients, et qui puisse, étant bien conçu, satisfaire parfaitement à toutes les objections qu'on pourroit faire là-dessus de part et d'autre. Il me paroit donc évident que ce pied cubique d'étendue proprement dite, divisible à l'infini, substance qui en contient une infinité d'autres, n'est qu'une pure manière de penser qui n'a nulle réalité hors de l'entendement, non plus que l'unité, le nombre, les fractions et l'infinité sous lesquelles on les conçoit.

5° Je demeure d'accord que *si un pied cube n'est pas substance, mais modification, une infinité de cubes ne feront point une substance infinie, mais un assemblage infini de modifications.* Et c'est de là que j'ai conclu de la substance étendue, après avoir démontré son infinité, qu'elle ne pouvoit être composée de parties intégrantes. Une infinité de cubes, tels même que vous les supposez, ne seroient pas plus capables de former une substance infinie, qu'une infinité de points mathématiques, une ligne, une infinité de plans, un solide; ou une infinité d'années, une éternité. Je conçois, cependant, très distinctement des points dans la ligne, des plans dans le solide, des solides dans l'étendue, et des années dans l'éternité. Je conçois dans l'éternité, avant la création du monde, des siècles aussi réels, que les cubes que je conçois dans l'espace au delà du monde supposé fini. Cependant, l'éternité n'est pas plus composée de siècles, que l'étendue de cubes. Je m'arrête sur un point fixe de cette étendue, je regarde à ma droite, et vois une étendue infinie; je regarde à ma gauche, je vois de même une étendue infinie : j'existe en ce moment, je pense au passé, et j'aperçois une durée infinie; je pense à l'avenir, j'aperçois de même une durée infinie. Dirai-je que l'étendue et l'éternité peuvent être partagées en deux parties, finies chacune par un bout et infinies par l'autre? L'imagination me les représente telles : elle me fait apercevoir l'éternité comme une simple durée sans commencement et sans fin, et l'étendue comme un corps infini. Mais l'entendement rectifie l'erreur de l'imagination; elle ne peut jamais être affectée de l'infini, ou ne peut me le représenter que comme un composé indéfini d'êtres finis; mais l'esprit me représente l'infini tel qu'il est, d'une nature absolument répugnante à toute composition. Il ne me représente dans l'étendue en tant que substance, ni droite ni gauche, de même qu'il ne me découvre dans l'éternité ni passé ni futur *nec prius neque posterius.* De là il est évident, que les places particulières que deux durées diffé-

rentes occupent dans l'éternité, — par exemple, les durées des
règnes de Salomon et d'Henri IV, — ne peuvent être aperçues, ni
distinguées, que par les durées qui les séparent, qui les pré-
cèdent ou qui les suivent, et non en tant que parties intégrantes de l'éternité : de même les étendues abstraites particulières de deux affections, par exemple, les étendues des pla-
nètes de Jupiter et de Vénus, ne peuvent être aperçues, ni
distinguées que par les affections ou modifications qui les séparent, ou qui les environnent, et non en tant que parties de
l'étendue substance infini. C'est la même chose, de vos cubes
d'étendue composants ou composés.

6° Comme l'éternité n'est divisible que sous le concept de la
durée, la substance étendue ne l'est de même que sous l'idée
de son corps ou de ses modes, et je ne saurois jamais la concevoir ni divisible ni actuellement divisée, que de cette manière.
Quand je partage une pomme, par exemple, ce n'est pas l'étendue proprement dite que je partage, mais la pomme seulement.
Le couteau, l'air, ou telle autre chose que je mets entre les parties, n'est qu'une étendue qui ne diffère de celle de la pomme,
et que je ne distingue d'avec elle, que moralement. Je ne dis
pas, M. R. P., comme il semble que vous me l'attribuez, que la
moitié de la pomme soit une modification de toute la pomme;
mais je dis qu'elle est la moitié de cette modification particulière de l'étendue appelée pomme; et que sans cette modification, ou quelque autre vraie ou imaginaire, je ne saurois
jamais apercevoir dans l'étendue, ni moitié, ni quart, ni la
concevoir, en aucune manière, comme un entier composé de
parties.

7° Les divisions infinies possibles ou actuelles des corps qui
composent le monde ne procèdent que du mouvement. Car,
selon le système de l'auteur, le mouvement ne doit être autre
chose que l'action de l'être par soi en tant qu'étendue; et par
là il peut être regardé comme la cause prochaine de toutes les
modifications de l'étendue, ou de toutes les variétés de la nature
corporelle.

8° Enfin, le monde, l'univers, dans le système de l'auteur,
peut être regardé, en un sens, comme éternel et infini, et, en un
autre, il peut n'être pas regardé comme tel. C'est que le monde
n'est pas éternel ni infini par la nature; mais seulement en vertu

de sa substance, en vertu de l'étendue sans laquelle il ne peut ni exister ni être conçu, *non vi suæ essentiæ sed tantùm vi causæ cui inhæret.* On peut, si l'on veut, dire que le monde est sans commencement et sans bornes, pour conserver aux termes d'éternel et d'infini leur universalité ordinaire. Il n'y a point là de contradiction ni d'équivoque. On considère les choses sous divers rapports. L'exclusion d'un commencement de durée, n'emporte pas l'exclusion d'un ordre et d'un principe d'origine.

Voilà, M. R. P., des éclaircissemens qui peuvent, ce me semble, justifier l'auteur des fautes que vous lui attribuez, ou excuser, du moins, ma résistance sur tout ce que vous m'avez fait l'honneur de m'alléguer, jusqu'ici, contre son système. Je ne vous dirai rien, pour le présent, des questions qui regardent les opérations de l'ame, la manière dont nous voyons, selon lui, les corps et toutes choses en Dieu, la certitude que nous avons de leur existence, et semblables, qui appartiennent à son traité *de Mente humana,* et qui supposent des principes, ou une application de principes dont il n'a point encore été parlé dans nos lettres. J'ai touché, si je ne me trompe, ce que vous m'avez marqué de plus essentiel en réfutation de son traité *de Deo.* Il me reste, cependant, un mot à dire sur votre étendue intelligible, que vous m'accusez d'avoir mal entendue dans le passage que j'ai rapporté d'un de vos Entretiens métaphysiques (Entretien 2, n° 22), où Théodore répond à une question que lui avoit faite Aristide, sur ce sujet. C'est dans ma seconde lettre, en date du 9ᵉ novembre 1713. Vous m'avez écrit depuis, en réponse à cette lettre, le 5ᵉ décembre de la même année, sans m'en parler. Et ce n'est que dans votre troisième, du 12 juin 1714, que vous relevez ma faute, car je consens à qualifier ainsi l'interprétation que j'ai donnée à vos paroles, puisque vous m'en donnez une vous-même très différente. J'ose dire, cependant, que je ne m'étois point éloigné du seul sens recevable que puisse fournir votre étendue intelligible, en plusieurs autres endroits de vos ouvrages, et que si nous nous en tenons à celui-ci, elle va fourmiller de difficultés dans l'application que nous en ferons à l'univers et à nos idées les plus intimes ; en un mot, qu'elle est dès lors inintelligible. Vous avez sans doute ma lettre ; mais vous pourriez bien n'avoir pas retenu une copie de la vôtre. C'est pourquoi je vais vous remettre votre réponse sous les yeux, et en transcrire ici les paroles : « Je ne comprends pas, M., comment vous trouvez de la difficulté à concevoir (lettre précédente) entre l'idée d'une chose et la chose même, etc. (Suivez jusqu'à l'alinéa : *Il me paroît toujours*, etc.)

Il s'ensuit donc, M. R. P., que votre étendue intelligible n'est qu'une idée en Dieu, idée sans idéal, ou qui n'a nul objet, ni en Dieu ni en moi, hors de ma pensée ; et, par conséquent, il ne faut plus dire, comme vous avez fait ailleurs, que nous n'avons point de démonstration de l'existence des corps, et qu'il nous seroit impossible de nous assurer s'ils existent sans la révélation qui nous l'apprend. Il faut trancher le mot, et dire qu'il est démontré qu'il n'y a point de corps, et que la révélation nous trompe à cet égard. Car, que sont les corps, si ce n'est des modifications de l'étendue que notre esprit aperçoit en eux ? Leur essence, ce qui est également commun à tous, c'est à dire ce sans quoi ils ne sauroient exister, n'est-ce pas l'étendue ? Or, si cette étendue n'existe ni en Dieu, ni hors de Dieu, donc les corps n'existent pas. Elle n'existe point en Dieu, selon vous, et elle ne peut exister hors de lui, si son idée est sans idéat et n'a nulle réalité objective. Et à notre égard, si l'idée qui nous représente l'étendue comme existante, éternelle et infinie, soit que nous la voyons en Dieu ou hors de Dieu, n'a nulle réalité objective, que devient le grand principe sans lequel il ne faut plus raisonner, que nous devons assurer d'une chose ce qui est clairement renfermé dans l'idée qui nous la représente ?

Vous voyez par là, M. R. P., que je conçois très bien *la différence qu'il y a entre l'idée d'une chose et la chose même*. Mon idée du triangle n'a ni trois côtés ni trois angles ; mais j'avoue que je ne conçois pas la différence qu'il y a entre dire que l'étendue commune à tous les corps existe, qu'elle est infinie et éternelle, et dire que l'esprit l'aperçoit nécessairement comme existante, infinie, éternelle. Être en même temps étendu et pensant, c'est certainement plus dire que de n'être que l'un des deux. Or, je ne sais pas encore comment refuser à l'être par soi d'où dérivent tous les êtres, à l'être infiniment infini, celle de toutes les réalités que l'esprit aperçoit le plus clairement, et le plus invinciblement, qui est l'étendue. Qu'est-ce que l'*immensité divine*, si ce n'est pas un attribut distinct de la pensée, et par conséquent de votre étendue intelligible, dès que celle-ci n'est que pensée et n'a nulle réalité objective hors de là, quoiqu'elle y soit clairement aperçue? C'est un beau mot vide de sens, et qui ne réveille aucune idée. Il me semble donc, M. R. P., qu'en faisant de l'étendue intelligible un objet distinct de l'idée qui est en Dieu, et qui me la représente, je marquois non seulement la différence qu'il y a entre l'idée d'une chose et la chose même; mais je sauvois encore bien des difficultés qu'on peut vous faire.

Je ne pousserai pas plus loin ces réflexions; je ne m'aperçois que trop, et à regret, qu'il seroit difficile, comme vous le pensez, que nous convinssions par lettres sur des matières si abstraites; je me contenterai, à l'avenir, de méditer encore plus sérieusement vos ouvrages et les lettres dont vous avez bien voulu m'honorer. Mais quel qu'en soit le succès, ma reconnoissance pour vos bontés sera éternelle, et je demeurerai toujours avec le plus profonde vénération,

M. R. P., etc.

P. S. Je me félicite d'avoir pensé comme vous, M. R. P., en lisant le livre de l'Action de Dieu sur les créatures. Je souhaiterois bien de savoir ce que vous pensez du principe que toutes les nouvelles modalités et toutes les nouvelles connoissances de l'ame sont autant de nouveaux degrés d'être qui lui sont ajoutés.

Vous me donnez une extrême curiosité de voir le traité d'Optique et toutes les additions de votre nouvelle édition de la *Recherche de la vérité*. Je n'en avois pas encore oui parler, comme aussi je n'avois jamais soupçonné que la cause de la pesanteur fût la même que celle de la réfraction. J'expliquois celle-ci d'une manière analogue à la réflexion. Mon édition de la *Recherche de la vérité* est en trois volumes, de 1700. Je ne sais si la nouvelle consiste dans la seule addition du quatrième. Quoi qu'il en soit, je n'attends que la commodité de la faire venir de Paris. L'auteur a-t-il pu voir cet excellent livre? fut-il imprimé bien longtemps avant sa mort, arrivée en 1677?


(*Note de la main de Mairan*),

La copie envoyée contient 11 pages, datée ce 26 août 1714.

Signée D. DE M.

# LETTRE VIII

## ET DERNIÈRE.

---

LE PÈRE

# MALEBRANCHE

A

## DORTOUS DE MAIRAN.

# VIII.

—

LE PÈRE

## MALEBRANCHE

A

DORTOUS DE MAIRAN.

Monsieur,

Je viens de recevoir votre lettre datee du 26
d'aoust. Vous m'y faites des remercimens que la
reponse que j'ai eu l'honneur de vous faire ne de-
voit pas me faire esperer, et celle cy encore moins.
Car je juge comme j'ai fait, dès le commencement,
que c'est peine perdue que de philosopher par lettres sur des matieres abstraites. J'ai lu, Monsieur,

avec attention vôtre derniere, et permettez-moi de
vous dire que je ne l'entends pas, et qu'il me semble que vous n'avez pas entendu celle a laquelle
vous repondez. C'est apparament ma faute, ou
plutost ce n'est ny ma faute ny la votre. C'est qu'il
n'est pas possible de se faire entendre clairement,
quand on ne convient pas exactement de la definition des termes dont on se sert, et qu'on ne peut
definir que par d'autres qui seront aussi equivoques que les premiers, tant que les esprits qui ont
des sentimens differens ne peuvent se faire actuellement plusieurs interrogations et en recevoir aussi-
tost reponse. Par exemple, de sept axiomes de l'auteur, il n'y a que le troisieme qui me paroisse sans
equivoque.

Je croi, Monsieur, vous avoir ecrit que sa cin-
quieme demonstration etoit fausse; mais vous voulez que je vous marque precisement l'endroit. C'est
à la troisieme ligne (*Concedetur ergo*, etc.). Je ne
l'accorde pas; car Paris n'est pas Rome; la boule A
n'est pas la boule B : ce sont deux boules, et, par
consequent, deux substances. — « Non, » diroit
l'auteur, « ce sont deux boules ; mais c'est la même
substance, car l'une et l'autre sont etendues. » —
J'en conviens, l'idée de l'une convient à l'idée de
l'autre; mais elle peut être sans l'autre, elle peut
etre conçue sans l'autre. — « Ouy, » diroit-il,
« mais elle ne peut être conçue sans etenduë. » —

Il est vrai ; mais c'est qu'une substance ne peut être conçuë sans ce qui la constitue substance. Elle est *partie* de l'etenduë ou de la substance qui compose l'univers ; mais elle n'est pas la *modification* de l'etenduë ; ou par le mot de modification, ou de maniere d'etre, ou d'affection, terme que je n'entends pas, vous n'entendez pas ce que tout le monde entend. Si nous n'attachons pas les mêmes idées aux mêmes termes, nous parlons inutilement. La rondeur est, selon tout le monde, la modification de la substance, ou de l'etendue de la boule, parce qu'on ne peut concevoir de rondeur sans etendue. Je puis concevoir la boule A, et elle peut exister toute seule. — « Non, » diroit-il, « cette boule seroit infinie : car qui est-ce qui la termineroit ? » — Rien, lui dirai-je. Car, pour la terminer, il ne faut rien : il suffit qu'elle soit telle qu'elle est. La rondeur de la boule n'appartient qu'a la boule, et ne depend nullement de ce qui l'environne ; que ce soit de l'air ou rien, c'est la meme chose. — « Mais ne concevez-vous pas que l'etenduë est infinie ?... » — Oui, l'idée de l'etendue est infinie ; mais cela n'empeche pas que la boule ne soit une substance, une partie de la substance, fust-elle infinie, dont le monde est composé. L'idée de l'etendue est infinie, mais son *ideatum* ne l'est peut-etre pas. Peut-etre n'y a-t-il actuellement aucun ideatum. Je ne voi immédiatement que l'idée, et non l'ideatum : et je suis persuadé que l'idée a eté une eternité sans ideatum. L'idée est eternelle, infinie, necessaire et efficace meme, car il n'y a que l'idée qui agisse sur les esprits, qui les eclaire et qui puisse les rendre heureux ou malheureux. Mais je ne voi point immediatement l'ideatum. Je ne sçai que par une espece de revelation s'il y en a. En un mot, je puis concevoir qu'il n'y en a point. Car, prenez-y garde, mon esprit ne sent point immediatement, a son propre; il ne lui est point immédiatement uni, mais a l'idée de son corps. Car l'experience apprend qu'un manchot sent une main qui lui fait mal, et il n'a plus la sienne. C'est donc l'idée de sa main qui l'afflige et non l'ideatum. Quand je n'aurois point de corps, et qu'il n'y auroit rien de creé que mon ame, Dieu, par ses idées efficaces, pourroit donc me faire voir et sentir comme je vois et je sens. Il faut prouver ou démontrer le contraire.

Si l'auteur etoit présent, il me diroit apparament : « *Il faut affirmer d'une chose ce que l'on conçoit être renfermé dans son idée. Or, l'idée de l'etenduë est infinie, donc aussi l'ideatum.* » Je lui repondrois : Le principe est vrai ; mais c'est supposé que l'ideatum existe, et il n'en prouve point l'existence. Si l'on voyoit les objets en eux-memes, on ne pourroit les voir s'ils n'etoient pas. Mais de ce qu'on voit les idées des choses, il ne s'ensuit pas que les choses soient. C'est l'idee de la main qui modifie de douleur l'ame du manchot : —l'ideatum, c'est à dire sa main, n'est plus : elle a ete mangée des vers. C'est l'idee d'un spectre qui effraye un fou, son ideatum n'est point. Le principe est vrai. Mais c'est parce que celui qui a creé les estres sur ses propres idees, nous eclaire par ces memes idees, et il n'est principe que dans cette supposition, car Dieu n'a pas creé les etres sur nos idées, mais sur les siennes. Le premier et incontestable principe est celui-cy. *Tout ce que l'esprit apercoit immediatement est necessairement.* Car s'il n'etoit pas, s'il etoit rien, l'esprit, en l'appercevant, n'appercevroit point, ce qui se contredit. Mais le principe cartesien n'est incontestable que par rapport aux idées qu'on voit immediatement et directement, et non par rapport aux choses qu'on ne voit point en elles-memes. Il est bon dans les mathematiques pures, qui ne considerent que les idees ; mais il n'est pas le premier principe dans la physique. Il n'est vrai qu'en supposant que Dieu nous eclaire par les memes idees sur lesquelles il a formé son ouvrage.

Je ne suis pas, Monsieur, votre lettre : cela iroit trop loin. Comme je pars demain pour la campagne, je n'en ai pas le loisir. Ainsi, je croi que vous ne trouverez pas mauvais que je finisse, et que je vous prie memes que nous cessions de travailler inutilement. Je ne croi pas pouvoir vous dissuader de vos sentimens par de si courtes reponses a vos lettres, qui, quoique longues et bien ecrites, ne reveillent pas toujours dans mon esprit des idees claires. Ce que l'auteur ose appeler demonstration n'en a, selon ma pensee, que l'apparence exterieure et l'arrangement des propositions. Demontrer, proprement c'est developper une idee claire et en deduire avec evidence ce que cette idee renferme necessairement : — et nous n'avons, ce me semble, d'idees assez claires, pour faire des demonstrations, que celle de l'etenduë et des nombres. L'ame meme ne se connoit nullement : elle n'a que sentiment interieur d'elle-meme et de ses modifications. Etant finie, elle peut encore moins connoître les attributs de l'infini. Comment donc faire sur cela des demonstrations? Pour moi, je ne batis que sur les dogmes de la foi dans les choses qui la regardent, parce que je suis certain, par mille raisons, qu'ils sont solidement posez. Et si j'ai decouvert quelques veritez theologiques, je le dois principalement a ces dogmes, sans lesquels je me serois egaré comme plusieurs autres qui ne se sont assez defiez d'eux-memes. Je prie Jesus-Christ qui est notre sagesse et notre lumiere, et sans lequel nous ne pouvons rien, qu'il vous decouvre les veritez qui vous sont necessaires pour vous conduire dans la voye qui conduit a la possession des vrais biens.

Je suis, Monsieur, avec bien du respect, votre tres-humble et tres-obeissant serviteur,

**MALEBRANCHE P. D. LO.**

*P. S.* Je n'entends point, Monsieur, l'auteur de la **Pro**motion physique sur les degrez d'etre ajoutez a l'ame, et je suis persuadé qu'il ne s'entend pas lui-meme. Il parle mieux qu'il ne pense, ou il a d'autres idees que le commun des hommes.

J'ai fait diverses additions dans la derniere edition de la *Recherche de la Verite.* Mais les principales sont dans le quatrieme volume vers la fin.

A Paris, ce 6 septembre (1714).

( *Au dos est écrit* ),

A Monsieur
Monsieur de Mairan,
a Béziers.

( La lettre est cachetée aux armes de Malebranche. )

FIN DE LA HUITIÈME ET DERNIÈRE LETTRE.

12

# TABLE

## DES MATIÈRES.

—

## AUTRES MÉDITATIONS MÉTAPHYSIQUES INÉDITES.

—

# CORRESPONDANCE INÉDITE

## ENTRE MALEBRANCHE ET MAIRAN

### SUR LA PHILOSOPHIE DE SPINOSA.

FIN DE LA TABLE DES MÉDITATIONS
ET DE LA CORRESPONDANCE.